초급 항공 중국어

이해우(李海雨) · 신설풍(辛雪枫) 공저

신아사

머리말

이 책은 중국어를 처음 접하는 초보자라도 항공중국어를 쉽게 배울 수 있도록 만들어졌다. 그간 시중에 나오는 항공중국어 관련 서적들은 그 내용이 매우 어려워 중국어 전공자라도 이해하기 어려운 수준이었다. 중국어를 처음 접하는 항공서비스학과 학생이 이러한 어려운 항공중국어 교재를 배우기란 너무나 커다란 벽으로 좌절감을 피할 수 없었을 것이다. 이에 저자는 중국어 초보자라도 항공중국어를 쉽고 재미있게 학습할 수 있도록 이 책을 편찬하게 되었다.

이 책의 <본문>은 일상생활에서 가장 널리 사용되는 문장에서부터 기내에서 벌어지는 각종 상황 속에서 표현되는 중국어까지 엄선해서 담고 있다. <보충낱말>과 <보충문장>을 통해 자주 사용되는 단어와 문장을 보강하였으며, <해설>에서는 <본문>의 문법을 자세히 설명하고 있어서 중국어 기본 실력 향상에 도움이 되도록 하였다.

아무쪼록 이 책을 통해 중국어 기초를 탄탄히 다지고 기내 및 생활 중국어를 유용하게 활용하길 바라며, 출판에 협조해주신 도서출판 신아사 여러분께 감사의 말씀을 드립니다.

2022년 2월

저자 이해우

목차

초급 항공 중국어

〈번체자(繁体字)와 간화자(简化字)〉

현대 중국(中国 Zhōngguó, 공식 명칭 中华人民共和国 Zhōnghuárénmín gònghéguó)이 건립된 이후 문맹을 퇴치하고 정자(正字, 중국인들은 繁体字라 부른다) 사용의 어려움을 극복하고자 간략한 글자체인 간화자(简化字, 우리나라의 약자에 해당)를 만들었다. 1950년대 초부터 10여 년 간의 문자개혁(文字改革)을 통해 1964년 총 2,235자로 이루어진 「간화자총표(简化字总表)」가 발표되었다. 간화자는 중국과 싱가포르에서 사용되지만, 대만에서는 아직도 정자가 사용된다. 발음기호는 로마자를 채택한 한어병음(汉语拼音)을 사용하고 있다.

번체자	간화자	한어병음(汉语拼音, 즉 발음기호)
韓國	韩国	Hánguó

〈간화자(简化字)의 원리〉

1. 고자(古字)에서 취한 것 : 从(從), 网(網)

2. 민중들 사이에 오랫동안 쓰였던 것(俗字) : 体(體), 声(聲)

3. 초서체(草书体)에서 온 것 : 书(書), 东(東)

4. 신조자(新造字) : 문자개혁 당시 새롭게 만들어낸 한자

   a. 생략(일부만 사용) : 号(號), 丽(麗), 术(術)

   b. 회의(會意) 원리 이용 : 阴(陰), 阳(陽), 泪(淚)

   c. 형성(形聲) 원리 이용 : 远(遠), 态(態)

   d. 윤곽만 그리거나 상징화 : 汉(漢), 师(師), 兴(興)

5. 동음자(同音字)를 대용 : 里(裏), 后(後), 干(乾)

〈중국어 발음 연습〉

중국어의 표준어를 보통화(普通話 Pǔtōnghuà)라고 하며, 발음은 북경어를 표준으로 삼는다. 우리말의 중국어(中國語)를 중국에서는 汉语 Hànyǔ라고 한다. 즉 '한족(漢族)의 언어(言語)'라는 의미이다. 중국은 오랜 역사와 광대한 지역으로 말미암아 매우 다양한 방언(사투리)이 존재한다. 각 방언 간에는 하나의 외국어처럼 상호 소통이 되지 않는 경우가 허다하다. 현대 중국이 건립된 이후 각 지역 간 원활한 언어 소통을 위해 (1) 발음은 북경어, (2) 어휘는 북방어, (3) 문법은 문인(文人)의 작품을 각각 표준으로 삼은 '보통화(普通話 Pǔtōnghuà)'를 소학(小學 xiǎoxué 초등학교)부터 가르치고 있다.

1. 중국어 음절(音節 syllable 음의 마디)

한자	한어병음 (漢語拼音)	의미
見(见)	jiàn	보다, 만나다

성모(聲母 initial) : j - 음절 가운데 제일 앞에 나오는 소리
운모(韻母 final) : ian - 성모 뒤의 소리
성조(聲調 tone) : 4성 - 고저승강(高低昇降, 높고 낮고 올라가고 내려감)을 통해 그 의미가 달라지는 소리

2. 한어병음(汉语拼音, 발음기호)의 성조, 성모, 운모 구분

		성조	성모	운모
黑 (검다)	hēi	1성	h	ei
来 (오다)	lái	2성	l	ai
好 (좋다)	hǎo	3성	h	ao
上 (올라가다)	shàng	4성	sh	ang

3. 성모(聲母 Initial)

현대중국어(북경어 발음이 표준)에는 아래와 같이 21개 자음(子音 consonant)이 성모 위치에 나타나며, 영성모(零聲母 zero initial 성모 부위에 자음이 나타나지 않고 모음으로 시작됨, 예를 들어 安 ān, 英 yīng과 같은 음)를 포함하여 22개 성모가 있다.

	무기(無氣)	유기(有氣)	마찰(摩擦)	비음(鼻音)	유음(流音)
순음(脣音)	b	p	f	m	
설첨전음(舌尖前音)	z	c	s		
설첨중음(舌尖中音)	d	t	n		l
설첨후음(舌尖後音)	zh	ch	sh		r
설면음(舌面音)	j	q	x		
설근음(舌根音)	g	k	h		

위에서 세로 용어(즉, 순음, 설첨전음 등등)는 발음부위(장소)를 나타내고 가로 용어(무기, 유기 등등)는 발음방법(방식)을 나타낸다. 설첨후음은 전통적으로 혀를 입천장 위로 말아 올려 발음한다고 해서 권설음(捲舌音)이라고 칭한다. 중국어 [r]은 영어 'rain'의 [r]과 같이 혀끝이 떨려 발음되는 전동음(顫動音 trill)이며, [l]은 혀끝을 잇몸에 고정한 후 옆으로 공기가 흘러 나가는 설측음(舌側音 lateral)이다.

4. 운모(韻母 Final)

현대중국어에는 36개의 운모가 존재한다.

(1)	a	o	e	i	u	ü		
(2)	ai	ei	ao	ou	üe			
(3)	ia	ie	ua	uo				
(4)	iao	iou	uai	uei				
(5)	an	en	in	ian	un	uan	ün	üan
(6)	ang	iang	ing	eng	ong	iong	ueng	uang
(7)	er							

5. 성조(聲調 Tone)

현대중국어(북경어 발음이 표준)에는 4개의 성조가 있다. 그리고 짧고 가볍게 발음되는 경성이 있다. 아래 예를 연습해 보자.

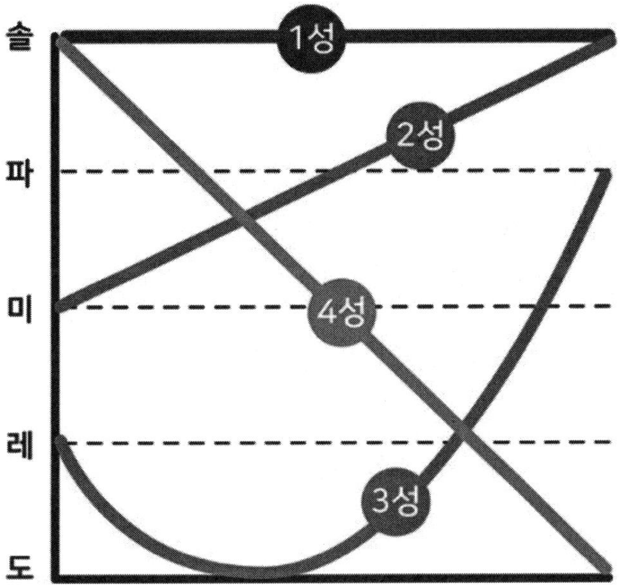

1성	2성	3성	4성	경성(輕聲)
55	35	214	51	
mā	má	mǎ	mà	ma
妈 (엄마)	麻 (삼, 마)	马 (말)	骂 (꾸짖다)	吗 (의문조사)

경성(輕聲 Neutral tone) : 짧고 가볍게 읽는 소리

bàba 爸爸 (아빠)	māma 妈妈 (엄마)
yéye 爷爷 (할아버지)	nǎinai 奶奶 (할머니)
gēge 哥哥 (형, 오빠)	dìdi 弟弟 (남동생)
jiějie 姐姐 (누나, 언니)	mèimei 妹妹 (여동생)

아래를 발음해보세요

Māma qí mǎ, mǎ màn, māma mà mǎ.

妈妈骑马, 马慢, 妈妈骂马。

엄마가 말을 타는데, 말이 느려서, 엄마는 말을 꾸짖는다.

성조표기 원칙

성조는 모음 위에 표기하며 'a 〉 e, o 〉 i, u, ü' 순으로 결정된다. 즉 저모음(a), 중모음(e, o), 고모음(i, u, ü) 순으로 그 위에 표기한다.

연습문제

1. 아래 성조를 잘 구분해 읽어보세요.

1성 : tā dān shū kōng

2성 : chá lái yuán rén

3성 : hǎo nǐ jiě nǎi

4성 : sàn qù huì zhàn

2. 아래 단어의 발음기호를 따라 읽고 그 뜻을 익혀 보세요.

(1) jīntiān 今天(오늘)

(2) xiànzài 现在(지금)

(3) Hánguó 韩国(한국)

(4) Zhōngguó 中国(중국)

(5) Rìběn 日本(일본)

(6) huānyíng 欢迎(환영합니다)

(7) jiàoshòu 教授(교수)

(8) xuésheng 学生(학생)

(9) lǎoshī 老师(선생님)

(10) chéngwùyuán 乘务员(승무원)

(11) fúwù 服务(서비스)

(12) jīchǎng 机场(공항)

(13) jiāyóu! 加油!(화이팅!)

(14) xīnkǔle! 辛苦了!(수고했습니다!)

3. 아래 문장을 따라 읽어 보세요.

(1) Wǒ shì Hánguórén. 我是韩国人。나는 한국인이다.

(2) Wǒ xuéxí Hànyǔ. 我学习汉语。나는 중국어를 배운다.

(3) Hěn yǒu yìsi. 很有意思。매우 재미있다.

4. 발음의 차이를 주의해서 따라 읽어 보세요.

(1) māma 妈妈(엄마) : bàba 爸爸(아빠)

(2) shísì 十四(14) : sìshí 四十(40)

(3) rì 日(일) : rè 热(덥다)

(4) shì 是(~이다) : shī 师(스승)

(5) Hànyǔ 汉语(중국어) : Hányǔ 韩语(한국어)

5. 발음을 듣고 알맞은 발음을 고르시오.

(1) jī : zī (2) lè : rè (3) chuāng : zhuāng (4) wǔ : yǔ

6. 발음을 잘 듣고 성조를 표기해보시오.

(1) jia (2) yuan (3) lai (4) dianying (5) gongyuan

7. 발음을 잘 듣고 운모와 성조를 받아 쓰세요.

(1) Zh______g_____ (2) b__b__ (3) H_____y__ (4) l_____sh__

8. 발음을 잘 듣고 성모를 받아 쓰시오.

(1) __ué__í (2) __én (3) __ái (4) __iàn__ài

제1과

인사

새낱말

我	wǒ	(명) 나
你	nǐ	(명) 너
您	nín	(명) 당신, 댁('你'의 존칭)
他	tā	(명) 그 남자(영어의 'he'에 해당)
她	tā	(명) 그 여자(영어의 'she'에 해당)
们	men	(명) ~들(명사 뒤에 붙어 복수의 의미를 만듦)
好	hǎo	(형) 좋다
老师	lǎoshī	(명) 선생님
同学	tóngxué	(명) 학우, 학생
上	shàng	(동) 오르다, 하다
课	kè	(명) 수업, 과업
上课	shàngkè	(동/명) 수업하다
下	xià	(동) 내려가다, 끝내다
下课	xiàkè	(동/명) 수업을 마치다, 수업 끝
再	zài	(부) 다시

见	jiàn	(동) 보다, 만나다
再见	zàijiàn	(부/동) 다음에 보자!(See you again!)
金	Jīn	(명) 김(성씨)
崔	Cuī	(명) 최(성씨)
乘务员	chéngwùyuán	(명) 승무원
机长	jīzhǎng	(명) 기장
现在	xiànzài	(명) 현재, 지금
忙	máng	(형) 바쁘다
不	bù	(부) ～아니다
吗	ma	(조) ～입니까?(평서문을 의문문으로 바꾸는 조사)

본문

(1) 교사/학생 인사

老师：你好!

Nǐ hǎo!

안녕하세요!

学生：老师好!

Lǎoshī hǎo!

선생님 안녕하세요!

老师：同学们好!

Tóngxuémen hǎo!

학생 여러분 안녕하세요!

我们上课。

Wǒmen shàngkè.

우리 수업합시다.

下课。

Xiàkè.

수업 끝.

再见!

Zàijiàn!

다음에 봅시다!

学生：再见!

Zàijiàn!

안녕히 가세요!

(2) 승무원 인사

乘务员 : 您好! 金机长。

Nín hǎo! Jīnjīzhǎng.

안녕하세요! 김기장님.

机长 : 崔乘务员, 你好!

Cuīchéngwùyuán, nǐ hǎo!

최승무원, 안녕!

乘务员 : 您现在忙吗?

Nín xiànzài máng ma?

지금 바쁘세요?

机长 : 不忙。

Bù máng.

바쁘지 않아요.

보충낱말

早上	zǎoshang	(명) 아침
上午	shàngwǔ	(명) 오전
中午	zhōngwǔ	(명) 정오, 점심, 낮 12시 전후
下午	xiàwǔ	(명) 오후
晚上	wǎnshang	(명) 저녁
早饭	zǎofàn	(명) 아침식사
午饭	wǔfàn	(명) 점심식사
晚饭	wǎnfàn	(명) 저녁식사
身体	shēntǐ	(명) 신체, 몸

보충회화

(1)

A : 对不起。	B : 没关系。
Duìbùqǐ. 미안합니다.	Méi guānxi. 괜찮습니다.

(2)

A : 谢谢!	B : 不客气。
Xièxie! 감사합니다!	Bú kèqi. 괜찮습니다.

(3)

A : 您早!	B : 您早!
Nín zǎo! 안녕하세요(아침인사)!	Nín zǎo! 안녕하세요!

(4)

A : 晚上好!	B : 晚上好!
Wǎnshang hǎo! (저녁에) 안녕하세요!	Wǎnshang hǎo! (저녁에) 안녕하세요!

(5)

A : 晚安!	B : 晚安!
Wǎn'ān! 편안히 주무세요!	Wǎn'ān! 편안히 주무세요!

(6)

A : 您身体好吗?	B : 谢谢! 我身体很好。
Nín shēntǐ hǎo ma? (몸은) 건강하시죠?	Xièxie! Wǒ shēntǐ hěn hǎo. 고맙습니다! 매우 건강합니다.

해설

1. 인칭대명사

'你'는 '너'에 해당되는 2인칭이다. '你'에 해당되는 존칭은 '您(nín)'이다.
인칭(人稱)에 대한 중국어 표현은 아래와 같다.

	1인칭	2인칭	3인칭
단수	我 wǒ 나	你 nǐ 너 您 nín 당신(존칭)	他 tā 그 남자 她 tā 그 여자
복수	我们 wǒmen 우리들	你们 nǐmen 너희들	他们 tāmen 그 남자들 她们 tāmen 그 여자들

복수에는 인칭대명사(人稱代名詞) 뒤에 '们(men)'을 덧붙이면 된다. 여자와 남자가 함께 있을 때는 '他们'으로 사용한다.

2. 'e'의 발음

(1) '으어'를 빨리 발음('e'가 단독으로 사용될 때)

de, te, ne, le, e

(2) '에'로 발음('i' 앞뒤 혹은 'ü'발음 뒤에서 사용될 때)

dei, pei, lei, die, tie, jie, yue, xue

(3) '어'로 발음(en, eng와 사용될 때)

fen, zhen, geng, deng

3. '不'의 성조 변화

'不'는 형용사나 동사 앞에 쓰여 부정을 나타낸다. 본래 4성이지만 뒤에 4성인 글자가 오면 2성으로 변하고 기타 성조와 결합하면 본래의 성조를 유지한다.

不高	bù gāo	(키가) 크지 않다.
不来	bù lái	오지 않는다.
不好	bù hǎo	좋지 않다.
不去	bú qù	가지 않는다.

'对不起 Duìbuqǐ 미안합니다'와 같이 숙어적인 용법에서 중간에 사용될 경우 '不'는 경성으로 발음한다. '不'는 일반적으로 변화된 성조로 표기한다.

연습문제

1. 아래 발음기호를 정확히 읽어보시오.

(1) Nǐ hǎo!

(2) Tóngxuémen hǎo!

(3) Wǒmen shàngkè.

(4) Nín xiànzài máng ma?

2. 아래 발음기호에 해당되는 한자를 쓰시오.

(1) Tóngxuémen hǎo! (   )

(2) Duìbuqǐ. (   )

(3) Bú kèqi. (   )

(4) Wǒmen shàngkè. (   )

3. 아래 중국어에 해당되는 발음기호를 쓰시오.

(1) 没关系。(   )

(2) 再见！ (   )

(3) 老师好！(   )

(4) 谢谢! (   )

4. 아래 중국어를 한국어로 번역하시오.

(1) 同学们好!

(   )

(2) 我们上课。

(   )

(3) 您现在忙吗?

(   )

(4) 您身体好吗?

(   )

5. 아래 문장 가운데 괄호 속 한국어에 해당되는 중국어를 보기에서 찾아 쓰시오.

A : 您好! 金(기장님 :   )。

B : 崔(승무원 :   ), 你好!

A : 您(지금 :   ) 忙吗?

B : 不忙。

보기 : 乘务员, 机场, 现在, 机长

생일 축하 노래

祝你生日快乐
Zhù nǐ shēngrì kuàilè
생일 축하합니다

祝你生日快乐。
Zhù nǐ shēngrì kuàilè.
생일 축하합니다.

祝你生日快乐。
Zhù nǐ shēngrì kuàilè.
생일 축하합니다.

祝你生日快乐。
Zhù nǐ shēngrì kuàilè.
생일 축하합니다.

祝你生日快乐。
Zhù nǐ shēngrì kuàilè.
생일 축하합니다.

제2과

승무원 인사

새낱말

乘务员	chéngwùyuán	(명) 승무원
公司	gōngsī	(명) 회사
职员	zhíyuán	(명) 직원
公司职员	gōngsī zhíyuán	(명) 회사원
您	nín	(명) 당신, 댁('你'의 존칭)
是	shì	(동) ~이다(영어의 'is'에 해당)
不	bù	(부) ~아니다(영어의 'not'에 해당)
谁	shéi	(의) 누구(영어의 'who'에 해당)
也	yě	(부) ~도(영어의 'also'에 해당)
吗	ma	(조) ~까?(평서문을 의문문으로 만드는 조사)
王	Wáng	(명) 왕(성씨)
吃	chī	(동) 먹다
饭	fàn	(명) 밥
了	le	(조) ~했다(문장 끝에서 상황의 변화를 표시)
呢	ne	(조) ~은요?(문장 끝에서 의문을 표시)

본문

(1) 동료 인사

A : 你好!

Nǐ hǎo!

안녕하세요!

B : 你好!

Nǐ hǎo!

안녕하세요!

A : 她是谁?

Tā shì shéi?

저 여자는 누구입니까?

B : 她是乘务员。

Tā shì chéngwùyuán.

저 여자는 승무원입니다.

A : 他也是乘务员吗?

Tā yě shì chéngwùyuán ma?

저 남자도 승무원입니까?

B : 他不是乘务员, 是公司职员。

Tā bú shì chéngwùyuán, shì gōngsī zhíyuán.

그 남자는 승무원이 아니라, 회사원입니다.

(2) 승무원 인사

乘务员：早上好！王机长。

Zǎoshang hǎo! Wángjīzhǎng.

(아침에) 안녕하세요! 왕기장님.

机长：早上好！

Zǎoshang hǎo!

안녕!

乘务员：您吃饭了吗？

Nín chīfàn le ma?

식사하셨어요?

机长：我吃了，你呢？

Wǒ chī le, nǐ ne?

먹었지, 너는?

乘务员：我也吃了。再见！

Wǒ yě chī le. Zàijiàn!

저도 먹었어요. 다음에 뵈요!

机长：再见！

Zàijiàn!

안녕!

보충낱말

小姐	xiǎojie	(명) 양, 미스
女士	nǚshì	(명) 여사
先生	xiānsheng	(명) 선생(남자에 대한 존칭)
爱人	àiren	(명) 남편, 아내(부부간의 호칭)
情人	qíngrén	(명) 애인
朋友	péngyou	(명) 친구(男朋友 nánpéngyou 남자친구, 女朋友 nǚpéngyou 여자친구)
教授	jiàoshòu	(명) 교수
学生	xuésheng	(명) 학생
大学生	dàxuéshēng	(명) 대학생
高中生	gāozhōngshēng	(명) 고등학생
初中生	chūzhōngshēng	(명) 중학생
小学生	xiǎoxuéshēng	(명) 초등학생
中国	Zhōngguó	(명) 중국
中国学生	Zhōngguóxuéshēng	(명) 중국학생
韩国	Hánguó	(명) 한국
韩国学生	Hánguóxuéshēng	(명) 한국학생

보충회화

A : 他是谁?	B : 他是中国学生。
Tā shì shéi? 저 남자는 누구입니까?	Tā shì Zhōngguóxuéshēng. 그는 중국학생입니다.

A : 她也是中国学生吗?	B : 她不是中国学生，是韩国学生。
Tā yě shì Zhōngguóxuéshēng ma? 저 여자도 중국학생입니까?	Tā bú shì Zhōngguóxuéshēng, shì Hánguóxuéshēng. 그녀는 중국학생이 아니라, 한국학생입니다.

我是大学生。

Wǒ shì dàxuéshēng.

저는 대학생입니다.

我来自韩国。(来自 láizì～에서 오다)

Wǒ láizì Hánguó.

저는 한국에서 왔습니다.

我学习航空服务学。

Wǒ xuéxí hángkōngfúwùxué.

저는 항공서비스학을 배웁니다.

해설

1. '是'의 용법

'是'는 동사로 영어의 be 동사에 해당되어 단정적이며 판단적인 문장에서 '~이다'의 의미를 지닌다. 동사 '是'로 이루어진 문장의 부정은 '是' 앞에 '不'를 붙인다.

긍정		부정
我是学生。 Wǒ shì xuésheng. 나는 학생이다.	→	我不是学生。 Wǒ bú shì xuésheng. 나는 학생이 아니다.
他是老师。 Tā shì lǎoshī. 그는 선생님이다.	→	他不是老师。 Tā bú shì lǎoshī. 그는 선생님이 아니다.

2. 부정사 '不'와 '没'의 용법

(1) 不 : '不'는 형용사나 동사 앞에서 부정한다.

不来 bù lái 오지 않는다
不好 bù hǎo 좋지 않다
不累 bú lèi 피곤하지 않다

(2) 没 : '有(있다)'의 부정은 '不'을 쓰지 않고 '没'을 쓴다.

我有中国朋友。 → 我没有中国朋友。
Wǒ yǒu Zhōngguó péngyou. Wǒ méiyǒu Zhōngguó péngyou.
나는 중국 친구가 있다. 나는 중국 친구가 없다.

〈'不'와 '没有'의 차이〉

我不去。나는 안 간다. : 我没有去。나는 안 갔다.

他不来。그는 안 온다. : 他没有来。그는 안 왔다.

※ '不'은 주어가 어떤 동작이나 행위를 하기 싫어한다는 느낌을 표현한다. '没有'는 객관적으로 어떤 동작이나 행위를 아직 완료하지 않았음을 나타낸다.

3. '了'의 용법

(1) '완료'를 뜻하며 '동사 + 了'의 문형이다.

他去了北京。

Tā qù le Běijīng.

그는 북경에 갔다.

他见了他的朋友。

Tā jiàn le tā de péngyou.

그는 그의 친구를 만났다.

위의 문장에서 '了'는 앞에 위치한 동사를 끝마쳤음을 나타낸다.

(2) '상황의 변화'를 나타내며 '了'는 문장 끝에 온다.

他当教授了。

Tā dāng jiàoshòu le.

그는 교수가 되었다.

我看他了。

Wǒ kàn tā le.

나는 그를 보았다.

문장 끝에 사용되는 '了'는 상황의 변화를 나타내며, 그 이전에는 그렇지 않았는데 이제 상황이 그렇게 변화되었다는 의미이다.

4. 3성 발음연습

(1) 3성 + 3성 : 두 개의 3성이 연속되면 앞의 3성은 2성(즉 [35])처럼 읽는다.

你好! Nǐ hǎo! 안녕!　　　很好 hěn hǎo 매우 좋다

(2) 3성 + 기타 성조(즉, 1성, 2성, 4성) : 앞의 3성은 전반성(前半聲) [21]만 발음한다.

3성 + 1성 : 北京 Běijīng 북경　老师 lǎoshī 선생님

3성 + 2성 : 语文 yǔwén 어문　语言 yǔyán 언어

3성 + 4성 : 好看 hǎokàn 예쁘다　请客 qǐngkè 한턱내다

중국의 대학생활

高考 gāokǎo : 대학입학시험으로 영어, 국어, 수학은 기본이며 문이과 선택 3과목 등 모두 6과목을 매년 6월 초에 2일간 시험, 약 1,000만 명 응시

〈용어 정리〉

大学 dàxué : 종합대학

研究生院 yánjiūshēngyuàn : 대학원

学院 xuéyuàn : 단과대학

专科学校 zhuānkēxuéxiào : 전문대학

校长 xiàozhǎng : 총장, 교장

9월에 학기 시작하고 6월에 졸업, 한 학기당 20주 수업

1학기 : 9월~1월 중순(보통 구정 전에 겨울방학 시작)

2학기 : 2월 중순~6월 말(여름방학 2달 정도)

전원 기숙사제 원칙(4~6인실), 교내에 각종 편의시설 갖춤

6시 기상, 7시 아침 식사, 8시 수업 시작

식당이 비좁아 도시락에 음식 받아 기숙사나 교내에서 먹음

캠퍼스가 넓어 자전거 이용

12시에서 2시까지 점심시간 및 오침

2시부터 오후 수업 시작하며 저녁에도 강의가 있을 수 있음

밤 10시에 점호

정치과목 필수, 신입생 남녀 모두 입학 후 2~3주 군사훈련(軍訓)

수업시간과 과제가 많아 개인시간 적음

연습문제

1. 아래 발음기호를 정확히 읽어보시오.

(1) Tā shì chéngwùyuán.

(2) Tā bú shì chéngwùyuán, shì gōngsī zhíyuán.

(3) Nín chī fàn le ma?

(4) Wǒ yě chī le.

2. 아래 발음기호에 해당되는 한자를 쓰시오.

(1) chéngwùyuán (　　　　　　　　　　　　　)

(2) gōngsī zhíyuán (　　　　　　　　　　　　　)

(3) Wǒ yě chī le. (　　　　　　　　　　　　　)

(4) Zàijiàn! (　　　　　　　　　　　　　)

3. 아래 중국어에 해당되는 발음기호를 쓰시오.

(1) 中国 (　　　　　　　　　　　　　)

(2) 早上好! (　　　　　　　　　　　　　)

(3) 韩国学生 (　　　　　　　　　　　　　)

(4) 航空服务学 (　　　　　　　　　　)

4. 아래 중국어를 한국어로 번역하시오.

(1) 她是乘务员。

(　　　　　　　　　　　　　　　　)

(2) 他不是乘务员, 是公司职员。

(　　　　　　　　　　　　　　　　)

(3) 她也是中国学生吗?

(　　　　　　　　　　　　　　　　)

(4) 您吃饭了吗?

(　　　　　　　　　　　　　　　　)

5. 아래 문장 가운데 괄호 속 한국어에 해당되는 중국어를 보기에서 찾아 쓰시오.

A : 早上好! 王机长。

B : 早上好!

A : 您(밥 먹다 :　　　　　　　　)了吗?

B : 我吃了, (당신은요 :　　　　　　　　)?

A : 我(~도 :　　　　　　　　)吃了。再见!

보기 : 吃饭, 喝茶, 你呢, 你吗, 都, 也

제3과

자기 소개

새낱말

叫	jiào	(동) 부르다
名字	míngzi	(명) 이름
的	de	(조) ~의(영어의 'of'에 해당)
介绍	jièshào	(명) 소개, (동) 소개하다
一下儿	yíxiàr	좀, 잠시
认识	rènshi	(동) 알다
高兴	gāoxìng	(형) 기쁘다, 기분이 좋다
大韩航空	Dàhánhángkōng	(명) 대한항공
公司	gōngsī	(명) 회사
工作	gōngzuò	(동) 일하다, (명) 일
国际	guójì	(명) 국제
买	mǎi	(동) 사다, (卖 mài 팔다)
去	qù	(동) 가다, (來 lái 오다)
学校	xuéxiào	(명) 학교
超市	chāoshì	(명) 슈퍼마켓
东西	dōngxi	(명) 물건

洗手间	xǐshǒujiān	(명) 화장실
在	zài	(동) ～에 있다, (개) ～에서(영어의 'at'에 해당)
有	yǒu	(동) 가지다(영어의 'have'에 해당)
朋友	péngyou	(명) 친구
女朋友	nǚpéngyou	(명) 여자친구(男朋友 nánpéngyou 남자친구)
吗	ma	(조) ～입니까?(평서문을 의문문으로 만드는 조사)

본문

(1) 자기소개

A : 你叫什么名字?

Nǐ jiào shénme míngzi?

이름이 어떻게 됩니까?

B : 我叫宋如龙。

Wǒ jiào Sòng Rúlóng.

저는 송여룡이라고 합니다.

A : 你在哪儿工作?

Nǐ zài nǎr gōngzuò?

당신은 어디서 일합니까?

B : 我在大韩航空公司工作。你呢?

Wǒ zài Dàhán hángkōng gōngsī gōngzuò. Nǐ ne?

저는 대한항공사에서 일합니다. 당신은요?

A : 我在中国国际航空公司工作。

Wǒ zài Zhōngguó guójì hángkōng gōngsī gōngzuò.

저는 중국국제항공사에서 일합니다.

(2) 친구소개

A : 我来介绍一下儿。这是我的朋友成龙。

Wǒ lái jièshào yíxiàr. Zhè shì wǒ de péngyou Chéng Lóng.

제가 좀 소개하겠습니다. 이 사람은 나의 친구 성룡입니다.

B : 认识你很高兴。

Rènshi nǐ hěn gāoxìng.

당신을 알게 되어 매우 기쁩니다.

C : 认识你我也很高兴。

Rènshi nǐ wǒ yě hěn gāoxìng.

당신을 알게 되어 저도 매우 기쁩니다.

(3) 공항출근

A : 你去哪儿?

Nǐ qù nǎr?

어디 가세요?

B : 我去机场上班。你呢?

Wǒ qù jīchǎng shàngbān. Nǐ ne?

공항으로 출근합니다. 당신은요?

A : 我去超市买东西。

Wǒ qù chāoshì mǎi dōngxi.

저는 슈퍼마켓으로 물건을 사러갑니다.

B : 再见。

Zàijiàn.

안녕히 가세요.

A : 再见。

Zàijiàn.

안녕히 가세요.

보충회화

(1)

A : 你上哪儿?　B : 我去学校。

Nǐ shàng nǎr?　Wǒ qù xuéxiào.

너 어디 가니?　학교에 간다.

A : 你呢?　B : 我回家。

Nǐ ne?　Wǒ huíjiā.

너는?　나는 집에 간다.

(2)

A : 这是什么?　B : 这是机场。

Zhè shì shénme?　Zhè shì jīchǎng.

여기는 무엇입니까?　여기는 공항입니다.

A : 那是什么?　B : 那是飞机。

Nà shì shénme?　Nà shì fēijī.

저것은 무엇입니까?　저것은 비행기입니다.

해설

1. 一下儿 yíxiàr

'잠시', '좀'이라는 뜻으로 보통 시간적으로 짧고 간단하게 일을 처리한다는 의미를 내포한다. '一下儿'은 '동사 + 一下儿'의 구조를 갖으며 '동사 + 一 + 동사' 혹은 '동사 + 동사'와 같은 뜻이다. 해석은 '(동사) 좀 하다'라고 하면 된다. 예를 들면,

你看一下儿。

Nǐ kàn yíxiàr.

좀 보세요.

你念一下儿。

Nǐ niàn yíxiàr.

좀 읽어보세요.

2. 这 zhè의 용법

영어의 'this'와 뜻이나 문법적으로 상당히 유사하다. 예를 들어,

这是本子。

Zhè shì běnzi.

이것은 공책이다.

위와 같이 '这 zhè'가 사물을 가리킨다.

这是我的朋友。

Zhè shì wǒ de péngyou.

이 사람은 나의 친구이다.

위의 문장에서 '这 zhè'는 사람을 지칭한다. 또한 아래 문장에서와 같이 '장소'를 나타낼 수 있다.

这是教室。
Zhè shì jiàoshì.
여기는 교실입니다.

3. 那 nà의 용법

영어의 'that'과 같은 뜻으로 '这 zhè'와 같이 사물과 사람을 나타낸다.

那是桌子。
Nà shì zhuōzi.
그것은 탁자이다.

위와 같이 '那 nà'는 사물을 가리키지만 아래와 같은 문장에서는 사람을 가리킨다.

那是我的朋友。
Nà shì wǒ de péngyou.
저 사람은 나의 친구이다.

또한 '장소'를 가리킬 수 있다.

那是礼堂。
Nà shì lǐtáng.
저기는 강당입니다.

4. 의문사

(1) 谁 : 누구인지를 물을 때

他是谁?

Tā shì shéi?

그는 누구죠?

(2) 什么 : 무엇인지 물을 때

这是什么?

Zhè shì shénme?

이것은 무엇이죠?

(3) 几 : 숫자를 물을 때. 날짜와 요일을 물어볼 때 사용되며, 반드시 숫자로 대답해야 한다.

今天几月几号?

Jīntiān jǐ yuè jǐ hào?

오늘은 몇 월 며칠이죠?

今天星期几?

Jīntiān xīngqī jǐ?

오늘은 무슨 요일이죠?

※ '几'는 10개 미만, '多少'는 10개 이상 숫자를 물어볼 경우에 사용

你们学校有多少(个)留学生?

Nǐmen xuéxiào yǒu duōshao (ge) liúxuéshēng?

너의 학교에 몇 명의 유학생이 있니?

(4) 哪 : 어느 것인지 물을 때

你是哪国人?

Nǐ shì nǎ guó rén?

너는 어느 나라 사람이니?

(5) 哪儿 : 장소를 물을 때

妈妈在哪儿?

Māma zài nǎr?

엄마는 어디에 있지?

(6) 怎么 : 왜(이유)를 물을 때

你今天怎么不来?

Nǐ jīntiān zěnme bù lái?

너 오늘 왜 안 오니?

어떻게(방식)을 물을 때

去天安门怎么走?

Qù Tiān'ānmén zěnme zǒu?

천안문 어떻게 가죠?

〈항공회사명〉

大韩航空 대한항공
Dàhán hángkōng

韩亚航空 아시아나항공
Hányà hángkōng

中国国际航空 중국국제항공
Zhōngguó guójì hángkōng

中国南方航空 중국남방항공
Zhōngguó nánfāng hángkōng

中国东方航空 중국동방항공
Zhōngguó dōngfāng hángkōng

海南航空 해남항공
Hǎinán hángkōng

연습문제

1. 아래 발음기호를 정확히 읽어보시오.

(1) Nǐ jiào shénme míngzi?

(2) Rènshi nǐ hěn gāoxìng.

(3) Wǒ qù jīchǎng shàngbān.

(4) Wǒ qù chāoshì mǎi dōngxi.

2. 아래 발음기호에 해당되는 한자를 쓰시오.

(1) míngzi (　　　　　　　　　　　　　　　　　　)

(2) gōngzuò (　　　　　　　　　　　　　　　　　)

(3) dōngxi (　　　　　　　　　　　　　　　　　　)

(4) gāoxìng (　　　　　　　　　　　　　　　　　)

3. 아래 중국어에 해당되는 발음기호를 쓰시오.

(1) 机场 (　　　　　　　　　　　　　　　)

(2) 你去哪儿? (　　　　　　　　　　　　)

(3) 国际航空 (   )

(4) 认识你很高兴。(   )

4. 아래 중국어를 한국어로 번역하시오.

(1) 你叫什么名字?

(   )

(2) 我来介绍一下儿。

(   )

(3) 认识你我也很高兴。

(   )

(4) 我去机场上班。

(   )

5. 아래 문장 가운데 괄호 속 한국어에 해당되는 중국어를 보기에서 찾아 쓰시오.

A : 你去(어디 :   )?

B : 我去(공항 :   )上班。你呢?

A : 我去超市买(물건 :   )。

보기 : 哪儿, 东西, 礼物, 机场, 那儿

제4과

탑승 수속

새낱말

地勤	dìqín	(명) 지상근무
工作	gōngzuò	(명) 일, (동) 일하다
人员	rényuán	(명) 인원
请	qǐng	(동) (문장 앞에서) ~해 주세요
一共	yígòng	(부) 모두, 합해서
寄	jì	(동) 부치다
几	jǐ	(의) 몇
件	jiàn	(양) 건, 개
行李	xíngli	(명) 짐
给	gěi	(동) 주다
护照	hùzhào	(명) 여권, 패스포트(passport)
座位	zuòwèi	(명) 자리
窗户	chuānghu	(명) 창
旁边	pángbiān	(명) 옆
手续	shǒuxù	(명) 수속

办	bàn	(동) 처리하다
祝	zhù	(동) 축하하다, 빌다
旅途	lǚtú	(명) 여정
愉快	yúkuài	(형) 유쾌하다, 즐겁다
登机	dēngjī	(동) 탑승하다
门号	ménhào	(명) 문번호, 탑승구
离	lí	(개) ~에서
远	yuǎn	(형) 멀다
就	jiù	(부) 바로, 곧
电梯	diàntī	(명) 엘리베이터

본문

(1) 짐 부치기

地勤工作人员： 请问, 一共寄几件行李?

Qǐngwèn, yígòng jì jǐ jiàn xíngli?

말씀 좀 묻겠는데요, 모두 몇 개 짐을 부칩니까?

乘客： 一件。

Yí jiàn.

한 개입니다.

工作人员： 请给我您的护照。

Qǐng gěi wǒ nín de hùzhào.

여권을 주십시오.

乘客： 给您。

Gěi nín.

여기 있습니다.

工作人员： 您想坐哪边的座位?

Nín xiǎng zuò nǎ biān de zuòwèi?

어느 쪽 좌석을 원하십니까?

乘客： 我想坐在窗户旁边。

Wǒ xiǎng zuòzài chuānghu pángbiān.

창측 좌석을 원합니다.

工作人员：手续办好了。

Shǒuxù bànhǎo le.

수속이 끝났습니다.

乘客：谢谢！

Xièxie!

감사합니다!

工作人员：祝您旅途愉快!

Zhù nín lǚtú yúkuài!

즐거운 여행 바랍니다!

(2) 탑승구 찾기

乘客：请问, 我在哪儿登机?

Qǐngwèn, wǒ zài nǎr dēngjī?

말씀 좀 묻겠는데요, 어디서 탑승하지요?

乘务员：我看一下儿您的机票。在12门号。

Wǒ kànyíxiàr nín de jīpiào. Zài shíèr ménhào.

댁의 비행기표를 한번 봅시다. 12번 탑승구에서요.

乘客：离这儿远吗?

Lí zhèr yuǎn ma?

여기에서 머나요?

乘务员：不太远, 就在电梯旁边。

Bú tài yuǎn, jiù zài diàntī pángbiān.

그다지 멀지 않습니다. 바로 엘리베이터 옆에 있습니다.

乘客：谢谢!

Xièxie!

감사합니다!

乘务员：不客气!

Bú kèqi!

괜찮습니다!

보충낱말

乘客	chéngkè	(명) 승객
吸烟	xīyān	(동/명) 담배를 피우다
禁烟	jìnyān	(동/명) 금연
手机	shǒujī	(명) 핸드폰
通道	tōngdào	(명) 통로
搭乘	dāchéng	(동) 탑승하다
航班	hángbān	(명) 항공편
洗手间	xǐshǒujiān	(명) 화장실
排队	páiduì	(동) 줄을 서다

보충문장

欢迎搭乘我们的航班。

Huānyíng dāchéng wǒmen de hángbān.

저희 항공편에 탑승한 것을 환영합니다.

里边请。

Lǐbian qǐng.

안쪽으로 오세요.

请系好安全带。

Qǐng jìhǎo ānquándài.

안전벨트를 메어주세요.

我们的飞机就要起飞了。

Wǒmen de fēijī jiùyào qǐfēi le.

우리 비행기는 바로 이륙하려고 합니다.

请问, 这是您的东西吗?

Qǐngwèn, zhè shì nín de dōngxi ma?

죄송하지만, 이것은 당신의 물건입니까?

谢谢您的合作。

Xièxie nín de hézuò.

협조에 감사드립니다.

请排队办理登机手续。

Qǐng páiduì bànlǐ dēngjī shǒuxù.

줄을 서서 탑승수속을 밟으세요.

〈의문사 연습〉

〈사람〉

A : 他是谁?

Tā shì shéi?

저 남자는 누구니?

B : 他是我的朋友。

Tā shì wǒ de péngyou.

그는 내 친구이다.

〈장소〉

A : 你去哪儿?

Nǐ qù nǎr?

너 어디 가니?

B : 去仁川机场上班。

Qù Rénchuán jīchǎng shàngbān.

인천공항으로 출근하러 갑니다.

北京	Běijīng	북경
首尔	Shǒu'ěr	서울
火车站	huǒchēzhàn	기차역
车站	chēzhàn	버스역

해설

1. 중국어 어순(word order)

중국어의 기본어순은 '주어 + 동사 + 목적어'이다. 한국어의 기본어순 '주어 + 목적어 + 동사'와 다른 점에 주의하자. 아래 문장을 비교해 보자.

중국어	한국어
我爱你。 Wǒ ài nǐ.	나는 너를 사랑한다.
我喜欢你。 Wǒ xǐhuan nǐ.	나는 너를 좋아한다.
我去北京。 Wǒ qù Běijīng.	나는 북경에(을) 간다.
我有女朋友。 Wǒ yǒu nǚpéngyou.	나는 여자친구를 갖고 있다(여자친구가 있다).
我看书。 Wǒ kàn shū.	나는 책을 본다(공부한다).

시간이나 장소를 나타내는 부사어는 보통 주어와 술어 사이에 쓰이지만 문장 제일 앞에 놓여도 무방하다.

我在图书馆看书。
Wǒ zài túshūguǎn kàn shū.
나는 도서관에서 책을 본다.

明天我有时间。

Míngtiān wǒ yǒu shíjiān.

내일 나는 시간 있다.

2. '的'의 용법

'的'는 수식과 피수식의 구조로 '的' 앞부분의 성분이 뒷부분의 명사를 수식한다.

(1) 명사류

学生的书包 학생의 책가방

xuésheng de shūbāo

我的弟弟 나의 남동생

wǒ de dìdi

(2) 형용사

好看的小姐 예쁜 아가씨

hǎokàn de xiǎojie

红的花 붉은 꽃

hóng de huā

(3) 동사

来的人 온 사람

lái de rén

去的朋友 간 친구

qù de péngyou

3. '就'의 용법

'就'는 일이 순조롭게 진행되고 있음을 암시하며 '곧' '바로' 등의 뜻을 지닌다.

(1) '곧, 바로, 즉시'

你就这样吧。

Nǐ jiù zhèyàng ba.

너는 바로 이렇게 해라.

站起来就走了。

Zhànqǐlái jiù zǒu le.

일어나서 곧 가버렸다.

(2) 사실을 강조하며 '바로, 틀림없이'

他就是中国人。

Tā jiùshì Zhōngguórén.

그는 바로 중국인이다.

4. 양사(量词)

사물의 수량 단위를 표시하는 품사로 보통 각 명사에는 그에 따른 각기 다른 양사를 사용한다. 한국어의 '연필 한 자루', '쌀 두 포대', '책 한 권'에서 처럼 '자루', '포대', '권' 등이 중국어에서의 양사에 해당된다고 말할 수 있다.

(1) 个 : 사람, 사물 등 가장 널리 쓰이는 양사이다.

两个人　liǎng ge rén　사람 두 명
十个学生　shí ge xuésheng　학생 열 명

(2) 本 : 책이나 서적류에 사용한다.

一本书　yì běn shū　책 한 권
三本杂志　sān běn zázhì　잡지 세 권

(3) 件 : 일, 사건, 옷 등에 사용한다.

一件事情　yí jiàn shìqíng　한 가지 일
四件衣服　sì jiàn yīfu　옷 네 벌

(4) 张 : 넓고 평평한 표면을 가진 물건에 사용한다.

九张纸　jiǔ zhāng zhǐ　종이 아홉 장
六张桌子　liù zhāng zhuōzi　탁자 여섯 개

연습문제

1. 아래 발음기호를 정확히 읽어보시오.

(1) Qǐng gěi wǒ nín de hùzhào.

(2) Wǒ xiǎng zuòzài chuānghu pángbiān.

(3) Shǒuxù bànhǎo le.

(4) Wǒ kàn yíxiàr nín de jīpiào.

2. 아래 발음기호에 해당되는 한자를 쓰시오.

(1) xíngli (　　　　　　　　　　　　　　)

(2) zuòwèi (　　　　　　　　　　　　　　)

(3) shǒuxù (　　　　　　　　　　　　　　)

(4) dēngjī (　　　　　　　　　　　　　　)

3. 아래 중국어에 해당되는 발음기호를 쓰시오.

(1) 一共 (　　　　　　　　　　　　　　)

(2) 窗户 (　　　　　　　　　　　　　　)

(3) 机票 (　　　　　　　　　　　　　　)

(4) 离这儿远吗? (   )

4. 아래 중국어를 한국어로 번역하시오.

(1) 请问, 一共寄几件行李?

(   )

(2) 手续都办好了。

(   )

(3) 我看一下儿您的机票。

(   )

(4) 不远, 就在电梯旁边。

(   )

5. 아래 문장 가운데 괄호 속 한국어에 해당되는 중국어를 보기에서 찾아 쓰시오.

A : 请问, 我在哪儿登机?

B : 我看一下儿您的机票。在12门号。

A : (~에서 :   )这儿远吗?

B : 不远, (바로 :   )在电梯旁边。

A : 谢谢!

B : (천만에요:)!

보기 : 就, 到, 离, 不客气, 很好

제5과

면세점에서

새 낱말

免税店	miǎnshuìdiàn	(명) 면세점
想	xiǎng	(조) ~하고 싶다
买	mǎi	(동) 사다(卖 mài 팔다)
化妆品	huàzhuāngpǐn	(명) 화장품
前边	qiánbiān	(명) 앞쪽
怎么	zěnme	(의) 어떻게, 왜
一直	yìzhí	(부) 줄곧, 곧바로
往	wǎng	(개) ~를 향해서(영어 'toward'와 같음)
离	lí	(개) ~에서(영어 'from'과 같음)
这儿	zhèr	(명) 이곳
远	yuǎn	(형) 멀다
就	jiù	(부) 바로, 곧
餐厅	cāntīng	(명) 식당
右边	yòubiān	(명) 오른쪽
售货员	shòuhuòyuán	(명) 판매원

顾客	gùkè	(명) 고객
欢迎	huānyíng	(동) 환영하다
光临	guānglín	(명) 왕림, (동) 왕림하다, 오다
觉得	juéde	(동) 생각하다, 느끼다
最	zuì	(부) 가장, 최고로
钱	qián	(명) 돈
能	néng	(조) ~할 수 있다(상황, 조건 속에서)
便宜	piányi	(형) 싸다(반의어 : 贵 guì 비싸다)
定价	dìngjià	(명) 정가
一共	yígòng	(부) 모두, 합해서

본문

(1) 면세점 찾기

乘客 : 请问, 免税店在哪儿?

Qǐngwèn, miǎnshuìdiàn zài nǎr?

말씀 좀 묻겠는데요, 면세점이 어디에 있습니까?

乘务员 : 你想买什么?

Nǐ xiǎng mǎi shénme?

무엇을 사려고 합니까?

乘客 : 我想买化妆品。

Wǒ xiǎng mǎi huàzhuāngpǐn.

저는 화장품을 사려고 합니다.

乘务员 : 在前边。

Zài qiánbiān.

앞에 있습니다.

乘客 : 怎么走?

Zěnme zǒu?

어떻게 가지요?

乘务员 : 一直往前走。

Yìzhí wǎng qián zǒu.

줄곧 앞으로 가세요.

乘客：离这儿远不远?

Lí zhèr yuǎn bù yuǎn?

여기에서 머나요?

乘务员：不太远。就在餐厅右边。

Bú tài yuǎn. Jiù zài cāntīng yòubiān.

그다지 멀지 않습니다. 바로 식당 오른쪽에 있습니다.

(2) 면세품 구매

售货员：欢迎光临! 你想买什么?

Huānyíng guānglín! Nǐ xiǎng mǎi shénme?

어서 오십시오! 무엇을 사시겠습니까?

顾客：化妆品。我觉得这个化妆品最好。

Huàzhuāngpǐn. Wǒ juéde zhè ge huàzhuāngpǐn zuì hǎo.

화장품요. 저는 이 화장품이 가장 좋다고 생각합니다.

一个多少钱?

Yí ge duōshao qián?

하나에 얼마죠?

售货员：三百块钱。

Sān bǎi kuài qián.

300위안입니다.

顾客：能便宜点儿吗?

Néng piányi diǎnr ma?

좀 싸게 할 수 있나요?

售货员：不能, 定价的。

Bù néng, dìngjià de.

안됩니다. 정가입니다.

顾客 : 我买三个。一共多少钱?

Wǒ mǎi sān ge. Yígòng duōshao qián?

세 개 사겠습니다. 모두 얼마죠?

售货员 : 一共九百块钱。

Yígòng jiǔ bǎi kuài qián.

모두 900위안입니다.

해설

1. 중국어 숫자 읽기

0	1	2	3	4	5	6	7	8	9	10
líng	yī	èr	sān	sì	wǔ	liù	qī	bā	jiǔ	shí

11	12	....	20	30	45	57	68	73	89
shíyī	shíèr		èrshí	sānshí	sìshíwǔ	wǔshíqī	liùshíbā	qīshísān	bāshíjiǔ

90	99	百	千	万	亿
jiǔshí	jiǔshíjiǔ	bǎi	qiān	wàn	yì

주의할 점 :

(1) '100 一百', '1000 一千'으로 읽듯이 100단위 이상의 첫 번째 단위 '一'은 반드시 읽는다.

(2) '200 两百', '2000 两千'과 같이 200부터는 '二' 대신 '两 liǎng'을 사용한다.

(3) 숫자 중간에 '0'이 하나든 두 개 이상이든 '零 líng'을 한번만 사용해서 읽는다.

205 : 两百零五

3,060 : 三千零六十

2,007 : 两千零七

19,310 : 一万九千三百一十

(4) 소수점은 '点 diǎn'으로 읽는다.

3.79 : 三点七九

아래 숫자를 한자로 써보세요.

465 :

605 :

2,693 :

12,079 :

2. 중국돈 읽기

중국돈은 人民币(Rénmínbì약칭 RMB)라고 하며 단위로는 '元 yuán, 角 jiǎo, 分 fēn'으로 나뉜다. 그러나 口语에서는 각기 '块 kuài, 毛 máo, 分 fēn'으로 보통 읽는다. 마지막 단위로 쓰일 때 '毛', '分'은 보통 생략하여 발음한다. 중국돈 1元은 한국돈 170원 정도 해당된다.

(예)

12.34 : 十二块三毛四(分)

30.04 : 三十块零四分

189.60 : 一百八十九块六(毛)

아래 돈을 중국어로 써보세요

21 :

35 :

78.46 :

202 :

3. 조동사

동사 앞에 사용되어 능력, 희망, 가능, 의지 등을 나타내며, 중국어로 '능원동사(能願動詞)'라고 칭한다.

(1) 想 : '~하고 싶다'라는 희망을 나타낸다.

我想当老师。

Wǒ xiǎng dāng lǎoshī.

나는 선생님이 되고 싶다.

(2) 能 : 가능을 나타내며, 조건이나 상황 속에서 가능성을 타진하는 말이다.

你能参加吗?

Nǐ néng cānjiā ma?

너는 참가할 수 있니?

能不能便宜点儿?

Néng bù néng piányi diǎnr?

좀 싸게 할 수 있나요?

(3) 要 : '~하려고 한다'라는 뜻으로 의지를 나타낸다.

我要去北京。

Wǒ yào qù Běijīng.

나는 북경에 가려고 한다.

(4) 会 : 학습 혹은 경험을 통해 '~할 줄 안다'라는 능력을 나타낸다.

你会说汉语吗?

Nǐ huì shuō Hànyǔ ma?

너는 중국어 말할 수 있니?

(5) 可以 : 허가 혹은 허락을 통해 '~을/를 해도 된다'를 나타낸다.

我可以试试吗?

Wǒ kěyǐ shìshi ma?

한번 해봐도 되나요?

보충낱말

人民币	rénmínbì	인민폐(중국돈)
韩币	hánbì	한국돈
美元	měiyuán	달러
欧元	ōuyuán	유로화
日元	rìyuán	엔화
国籍	guójí	국적
护照	hùzhào	여권(passport)
签证	qiānzhèng	비자(visa)
香水	xiāngshuǐ	향수
香烟	xiāngyān	담배
手表	shǒubiǎo	시계
红酒	hóngjiǔ	포도주(葡萄酒 pútáojiǔ)

날짜

A : 今天几月几号?

Jīntiān jǐ yuè jǐ hào?

오늘은 몇 월 며칠이니?

B : 今天四月十三号。

Jīntiān sì yuè shísān hào.

오늘은 4월 13일입니다.

달

一月　二月　三月　四月　五月　六月

七月　八月　九月　十月　十一月　十二月

일

五号　九号　十号　十六号　二十一号　二十五号　三十号

날

大前天	dàqiántiān	그끄저께
前天	qiántiān	그저께
昨天	zuótiān	어제
今天	jīntiān	오늘
明天	míngtiān	내일
后天	hòutiān	모레
大后天	dàhòutiān	글피

A : 你姐姐什么时候来?

Nǐ jiějie shénme shíhou lái?

너의 언니는 언제 오니?

B : 明年来。

Míngnián lái.

내년에 와.

해

前年	qiánnián	재작년
去年	qùnián	작년
今年	jīnnián	올해
明年	míngnián	내년
后年	hòunián	내후년

연습문제

1. 아래 발음기호를 정확히 읽어보시오.

(1) Qǐngwèn, miǎnshuìdiàn zài nǎr?

(2) Yìzhí wǎng qián zǒu.

(3) Néng piányi diǎnr ma?

(4) Yígòng duōshao qián?

2. 아래 발음기호에 해당되는 한자를 쓰시오.

(1) huàzhuāngpǐn (　　　　　　　　　　　　　　　　)

(2) juéde (　　　　　　　　　　　　　　　　　　　　)

(3) piányi (　　　　　　　　　　　　　　　　　　　)

(4) Yígòng duōshao qián? (　　　　　　　　　　　　)

3. 아래 중국어에 해당되는 발음기호를 쓰시오.

(1) 免税店 (   )

(2) 怎么走? (   )

(3) 欢迎光临! (   )

(4) 三百块钱。(   )

4. 아래 중국어를 한국어로 번역하시오.

(1) 我想买化妆品。

(   )

(2) 离这儿远不远?

(   )

(3) 一个多少钱?

(   )

(4) 不能, 定价的。

(   )

5. 아래 문장 가운데 괄호 속 한국어에 해당되는 중국어를 보기에서 찾아 쓰시오.

A : 请问, 免税店在哪儿?

B : 你想买什么?

A : 我想买化妆品。

B : (~에 있다 :   )前边。

A : 怎么走?

B : 一直(~를 향해 :   )前走。

A : (~에서 :   )这儿远不远?

B : 不太远。(바로 :   )在餐厅右边。

보기 : 往, 在, 离, 就, 到

제6과

기내 탑승 안내

새 낱말

欢迎	huānyíng	(동) 환영합니다
乘坐	chéngzuò	(동) 타다
航班	hángbān	(명) 항공편
让	ràng	(동) ~에게 ~시키다
登机牌	dēngjīpái	(명) 탑승권
后边	hòubiān	(명) 뒤쪽
往	wǎng	(전) ~를 향해
这边	zhèbiān	(명) 이쪽
前边	qiánbiān	(명) 앞쪽
非常	fēicháng	(부) 매우
祝	zhù	(동) 축하하다, 빌다
愉快	yúkuài	(형) 유쾌하다
座位	zuòwèi	(명) 자리, 좌석
号码	hàomǎ	(명) 번호
中间	zhōngjiān	(명) 중간

跟	gēn	(동) 따라가다, 좇아가다, (접) ~와
这里	zhèli	(명) 이곳, 여기
客气	kèqi	(형) 겸손하다, 사양하다

본문

(1) 기내 탑승 안내 1

乘务员 : 您好! 欢迎乘坐本次航班!

Nín hǎo! Huānyíng chéngzuò běn cì hángbān!

안녕하세요! 본 항공편 탑승을 환영합니다!

请让我看一下您的登机牌。

Qǐng ràng wǒ kàn yíxià nín de dēngjīpái.

댁의 탑승권 좀 보여주십시오.

乘客 : 好的。

Hǎode.

예.

乘务员 : 您的座位在后边, 请往这边走。

Nín de zuòwèi zài hòubiān, qǐng wǎng zhèbiān zǒu.

댁의 좌석은 뒤편에 있으니, 이쪽으로 가십시오.

乘客 : 非常感谢!

Fēicháng gǎnxiè!

대단히 감사합니다!

乘务员 : 不客气! 祝您旅途愉快!

Bú kèqi! Zhù nín lǚtú yúkuài!

괜찮습니다! 즐거운 여행 되세요!

(2) 기내 탑승 안내 2

乘务员：下午好! 欢迎登机!

Xiàwǔ hǎo! Huānyíng dēngjī!

안녕하세요! 탑승을 환영합니다!

您的座位号码是多少?

Nín de zuòwèi hàomǎ shì duōshao?

댁의 좌석번호가 어떻게 되지요?

乘客：17D。

Shíqī D.

17D입니다.

乘务员：您的座位在中间, 请跟我来。

Nín de zuòwèi zài zhōngjiān, qǐng gēn wǒ lái.

댁의 좌석은 중간에 있습니다. 저를 따라오세요.

您的座位在这里。

Nín de zuòwèi zài zhèli.

댁의 좌석은 여기입니다.

乘客：谢谢。

Xièxie.

감사합니다.

乘务员：不客气。

Bú kèqi.

괜찮습니다.

보충낱말

今天	jīntiān	(명) 오늘
下午	xiàwǔ	(명) 오후
北京	Běijīng	(명) 북경
几	jǐ	(의) 몇, 얼마
点	diǎn	(양) 시
晚上	wǎnshang	(명) 저녁
坐	zuò	(동) 앉다, 타다
公交车	gōngjiāochē	(명) 버스
出租车	chūzūchē	(명) 택시
下次	xiàcì	(부) 다음

보충문장

A : 我今天下午坐飞机去北京。

Wǒ jīntiān xiàwǔ zuò fēijī qù Běijīng.

나는 오늘 오후 비행기 타고 북경에 간다.

B : 飞机几点起飞?

Fēijī jǐ diǎn qǐfēi?

비행기는 언제 이륙하나요?

A : 下午五点半起飞。

Xiàwǔ wǔ diǎn bàn qǐfēi.

오후 5시 30분에 이륙합니다.

B : 那几点到?

Nà jǐ diǎn dào?

그러면 몇 시에 도착하지요?

A : 晚上七点到。

Wǎnshang qī diǎn dào.

저녁 7시에 도착합니다.

B : 坐公交车去机场吗?

Zuò gōngjiāochē qù jīchǎng ma?

버스 타고 공항에 가나요?

A : 不是的, 我坐出租车去。

Bú shì de, wǒ zuò chūzūchē qù.

아닙니다. 택시 타고 갑니다.

B : 下次再见。

Xiàcì zàijiàn.

다음에 다시 봅시다.

A : 再见。

Zàijiàn.

안녕.

해설

1. ‘在’의 용법

(1) 동사로서 ‘~에 있다’

李老师在吗?

Lǐ lǎoshī zài ma?

이 선생님 계세요?

(2) 전치사로서 ‘~에서’(이때 반드시 ‘在’뒤에 동사가 따라온다)

他在家看电视。

Tā zài jiā kàn diànshì.

그는 집에서 TV를 본다.

(3) ‘在+동사’구조로 동작의 진행을 나타냄

他们在看电影。

Tāmen zài kàn diànyǐng.

그들은 영화를 보고 있는 중이다.

2. 让의 용법

전치사 ‘让’은 ‘~하여금 ~시키다’의 의미를 지닌다. ‘使 shǐ’, ‘叫 jiào’와 같은 용법이다.

他让我做这件事。

Tā ràng wǒ zuò zhè jiàn shì.

그는 나에게 이 일을 시켰다.

老师让我念书。

Lǎoshī ràng wǒ niànshū.

선생님께서는 나한테 책을 읽으라고 시켰다.

연습문제

1. 아래 발음기호를 정확히 읽어보시오.

(1) Huānyíng chéngzuò běn cì hángbān!

(2) Qǐng wǎng zhèbiān zǒu.

(3) Nín de zuòwèi hàomǎ shì duōshao?

(4) Nín de zuòwèi zài zhèli.

2. 아래 발음기호에 해당되는 한자를 쓰시오.

(1) hángbān ( )

(2) dēngjīpái ( )

(3) zhōngjiān ( )

(4) duōshao ( )

3. 아래 중국어에 해당되는 발음기호를 쓰시오.

(1) 欢迎 ( )

(2) 请往这边走。( )

(3) 欢迎登机! ( )

(4) 您的座位在这里。(   )

4. 아래 중국어를 한국어로 번역하시오.

(1) 欢迎乘坐本次航班!

(   )

(2) 请让我看一下您的登机牌。

(   )

(3) 您的座位号码是多少?

(   )

(4) 您的座位在中间, 请跟我来。

(   )

5. 아래 문장 가운데 괄호 속 한국어에 해당되는 중국어를 보기에서 찾아 쓰시오.

A : 您好! 欢迎乘坐本次航班!

请(~하여금 ~시키다 :   )我看一下您的登机牌。

B : 好的。

A : 您的座位在后边, 请(~쪽으로 :   )这边走。

B : 非常感谢!

A : 不客气! (~바라다 :   )您旅途愉快!

보기 : 别, 往, 祝, 让, 离

제7과

기내 안전 점검

새낱말

现在	xiànzài	(명) 현재, 지금
已经	yǐjīng	(부) 이미, 벌써
飞机	fēijī	(명) 비행기
为什么	wèishénme	(의) 왜, 무슨 이유로
还	hái	(부) 아직, 여전히, 계속
起飞	qǐfēi	(동) 이륙하다
意思	yìsi	(명) 뜻, 생각, 기분
安全	ānquán	(형) 안전하다, (명) 안전
检查	jiǎnchá	(동) 검사하다
分钟	fēnzhōng	(양) 분
知道	zhīdào	(동) 알다
系	jì	(동) 메다, 묶다
安全带	ānquándài	(명) 안전벨트
关闭	guānbì	(동) 닫다, 끄다
手机	shǒujī	(명) 핸드폰
就要～了	jiùyào~le	곧~하려 하다
配合	pèihé	(명) 협조, 협동

본문

(1) 기내 안전 점검1

乘客：你好，现在已经十点半了。

Nǐ hǎo, xiànzài yǐjīng shí diǎn bàn le.

안녕하세요. 지금 이미 10시 반이 되었네요.

飞机为什么还没起飞呢?

Fēijī wèishénme hái méi qǐfēi ne?

비행기가 왜 아직 이륙하지 않나요?

乘务员：不好意思，乘客。

Bù hǎo yìsi, chéngkè.

죄송합니다. 승객님.

现在还在安全检查。

Xiànzài hái zài ānquán jiǎnchá.

지금 아직 안전검사 중입니다.

飞机十分钟后起飞。

Fēijī shí fēnzhōng hòu qǐfēi.

비행기는 10분 후에 이륙할 것입니다.

乘客：知道了。谢谢!

Zhīdào le. Xièxie!

알겠습니다. 감사합니다!

乘务员：不客气!

Bú kèqi!

괜찮습니다!

(2) 기내 안전 점검 2

乘务员：请各位乘客系好安全带。

Qǐng gè wèi chéngkè jìhǎo ānquándài.

승객 여러분 안전벨트를 메주시길 바랍니다.

飞机十分钟后起飞。

Fēijī shí fēnzhōng hòu qǐfēi.

비행기는 십 분 후 이륙합니다.

乘客：好的。

Hǎode.

좋습니다.

乘务员：不好意思，先生，请您关闭手机。

Bù hǎo yìsi, xiānsheng, qǐng nín guānbì shǒujī.

죄송하지만, 선생님, 핸드폰을 꺼주시길 바랍니다.

飞机就要起飞了。

Fēijī jiùyào qǐfēi le.

비행기는 곧 이륙하겠습니다.

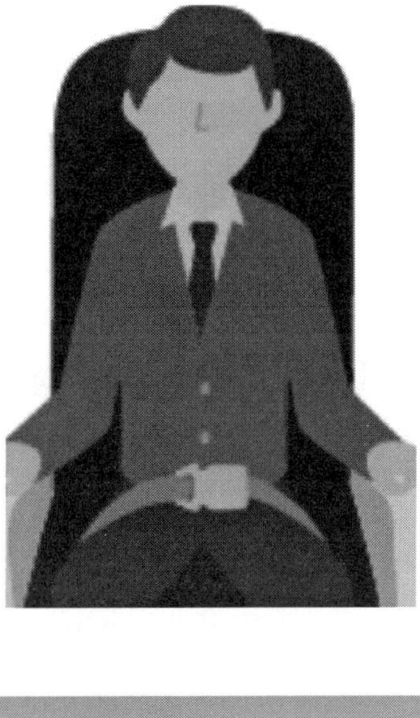

乘客：知道了。

Zhīdào le.

알겠습니다.

乘务员：谢谢您的配合。

Xièxie nín de pèihé.

협조에 감사드립니다.

보충낱말

收起	shōuqǐ	(동) 거두다, 그만두다
小桌板	xiǎozhuōbǎn	(명) 테이블
调直	tiáozhí	(동) 반듯하게 조절하다
椅背	yǐbèi	(명) 의자등받이
打开	dǎkāi	(동) 펴다, 열다
遮光板	zhēguāngbǎn	(명) 차광판

보충문장

请您收起小桌板。

Qǐng nín shōuqǐ xiǎozhuōbǎn.

테이블을 거둬주십시오.

请您调直椅背。

Qǐng nín tiáozhí yǐbèi.

의자등받이를 바르게 조절해주십시오.

请您打开遮光板。

Qǐng nín dǎkāi zhēguāngbǎn.

차광판을 열어주십시오.

중국의 교통수단

汽车	qìchē	차
火车	huǒchē	기차
自行车	zìxíngchē	자전거
摩托车	mótuōchē	오토바이
公交车	gōngjiāochē	버스
公共汽车	gōnggòngqìchē	버스
巴士	bāshì	버스
地铁	dìtiě	지하철
出租(汽)车	chūzū(qì)chē	택시
飞机	fēijī	비행기
高铁(高速电铁)	gāotiě(gāosùdiàntiě)	고속전철
高速巴士	gāosùbāshì	고속버스

'火车(기차)'에는 등급에 따라 아래와 같이 나뉜다.

软卧	ruǎnwò	부드러운 침대
硬卧	yìngwò	딱딱한 침대
软座	ruǎnzuò	부드러운 의자
硬座	yìngzuò	딱딱한 의자

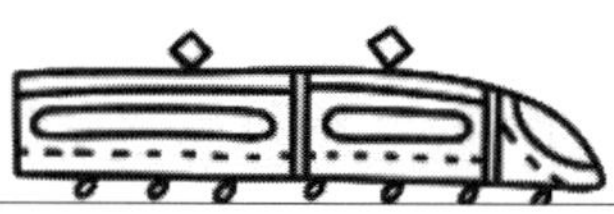

해설

1. 시간 표현

시각

A : 现在几点?

Xiànzài jǐ diǎn?

지금 몇 시니?

B : 现在五点三十八分。

Xiànzài wǔ diǎn sānshíbā fēn.

지금 5시 38분이야.

十分	10분
十五分	15분 = 一刻(kè)
三十分	30분 = 半(bàn)
四十五分	45분 = 三刻
3:00	三点
4:17	四点十七(分)
5:15	五点十五(分), 五点一刻
6:30	六点三十(分), 六点半
8:45	八点四十五(分), 八点三刻, 差(chà)一刻九点

※ 2시는 两点이라고 한 점에 주의해야 한다. 2시 25분은 两点二十五分으로 말한다.

시간

한 시 : 一点

한 시간 : 一个小时 혹은 一个钟头

아래 시간을 읽어보자
3시 25분 :
오후 5시 46분 :
오전 9시 28분 :

2. '多'의 용법

(1) 의문사 : '얼마나'의 뜻으로 사용된다.

你多大年纪?

Nǐ duō dà niánjì?

연세가 어떻게 됩니까?

(2) 수사 : '~여', '~남짓'

十多个人

Shí duō ge rén

십여 명

(3) 형용사 :

(a) 명사 앞에 쓰이어 명사를 수식한다.

很多人来了。

Hěn duō rén lái le.

매우 많은 사람들이 왔다.

(b) 형용사 뒤에 쓰이어 형용사의 보어로 쓰인다.

好多了。

Hǎo duō le.

훨씬 좋아졌다.

3. ‘还’의 용법

‘还’은 ‘hái’로 발음하면 부사로 ‘또’ 혹은 ‘아직’의 의미를 지니며 ‘huán’으로 발음하면 동사로 ‘돌려주다’의 뜻을 가진다.

(1) ‘또’, ‘더’의 뜻으로 수량이나 항목이 더 추가됨을 나타낸다.

他还有一件大衣。

Tā hái yǒu yí jiàn dàyī.

그는 또 외투 한 벌이 있습니다.

(2) ‘아직’, ‘여전히’의 뜻으로 동작이나 상태가 지속됨을 나타낸다.

李老师还在教室。

Lǐ lǎoshī hái zài jiàoshì.

이 선생님은 아직도 교실에 계신다.

(3) 동사로 ‘돌려주다’ ‘반납하다’의 뜻을 지닌다.

他把那本书还给你了吗?

Tā bǎ nà běn shū huán gěi nǐ le ma?

그가 그 책을 너에게 돌려주었니?

‘把’는 목적어를 동사 앞으로 끌어내는 문법적 작용을 하는 개사(介词, 즉 전치사)이다.

연습문제

1. 아래 발음기호를 정확히 읽어보시오.

(1) Fēijī wèishénme hái méi qǐfēi ne?

(2) Fēijī shí fēnzhōng hòu qǐfēi.

(3) Qǐng gè wèi chéngkè jìhǎo ānquándài.

(4) Qǐng nín guānbì shǒujī.

2. 아래 발음기호에 해당되는 한자를 쓰시오.

(1) yǐjīng (　　　　　　　　　　　　　　　　　　　)

(2) ānquán jiǎnchá (　　　　　　　　　　　　　　　)

(3) shǒujī (　　　　　　　　　　　　　　　　　　　)

(4) fēijī (　　　　　　　　　　　　　　　　　　　)

3. 아래 중국어에 해당되는 발음기호를 쓰시오.

(1) 为什么 (　　　　　　　　　　　　　　　　　　)

(2) 现在 (　　　　　　　　　　　　　　　　　　　)

(3) 乘客 (　　　　　　　　　　　　　　　　　　　)

(4) 起飞 (　　　　　　　　　　　　　　　　　　)

4. 아래 중국어를 한국어로 번역하시오.

(1) 现在已经十点半了。

(　　　　　　　　　　　　　　　　　　)

(2) 现在还在安全检查。

(　　　　　　　　　　　　　　　　　　)

(3) 请各位乘客系好安全带。

(　　　　　　　　　　　　　　　　　　)

(4) 飞机就要起飞了。

(　　　　　　　　　　　　　　　　　　)

5. 아래 문장 가운데 괄호 속 한국어에 해당되는 중국어를 보기에서 찾아 쓰시오.

A : 请各位乘客系好安全带。飞机十分钟后(이륙하다 :　　　　　　)。

B : 好的。

A : 不好意思, 先生, 请您关闭手机。飞机(곧 :　　　　　　)起飞了。

B : (알겠습니다 :　　　　　　)。

A : 谢谢您的配合。

보기 : 又, 就要, 着陆, 起飞, 知道了, 没关系

제8과

식음료 서비스

새 낱말

想	xiǎng	(조) ~하고 싶다
喝	hē	(동) 마시다
可乐	kělè	(명) 콜라
吃	chī	(동) 먹다
中餐	zhōngcān	(명) 중국음식
西餐	xīcān	(명) 서양음식
和	hé	(접) 그리고, ~와
慢	màn	(형) 느리다
用	yòng	(동) 사용하다, (음식) 먹다

본문

(1) 음료수 서비스

乘务员 : 您想喝什么?

Nín xiǎng hē shénme?

무엇을 마시겠습니까?

乘客 : 有可乐吗?

Yǒu kělè ma?

콜라 있어요?

乘务员 : 有。这是您的可乐。

Yǒu. Zhè shì nín de kělè.

예. 여기 콜라가 있습니다.

乘客 : 谢谢。

Xièxie.

고맙습니다.

乘务员 : 不客气。

Bú kèqi.

괜찮습니다.

(2) 식사 서비스

乘务员：我们有中餐和西餐。

Wǒmen yǒu zhōngcān hé xīcān.

중국음식과 서양음식이 있습니다.

您想吃什么?

Nín xiǎng chī shénme?

무엇을 드시겠습니까?

乘客：中餐。

Zhōngcān.

중국음식요.

乘务员：这是您的中餐。请慢用。

Zhè shì nín de zhōngcān. Qǐng màn yòng.

여기 중국음식이 있습니다. 맛있게 드세요.

乘客：谢谢。

Xièxie.

고맙습니다.

보충회화

A : 你吃饭了吗?

Nǐ chī fàn le ma?

너 밥 먹었니?

B : 还没吃。

Hái méi chī.

아직 안 먹었어.

A : 我们一起去吃饭, 好不好?

Wǒmen yìqǐ qù chī fàn, hǎo bù hǎo?

우리 같이 밥 먹으로 갈래?

B : 好。你想吃中国菜, 还是韩国菜?

Hǎo. Nǐ xiǎng chī Zhōngguócài, háishì Hánguócài?

좋아. 너 중국음식 먹을래 아니면 한국음식 먹을래?

A : 我想吃中国菜。

Wǒ xiǎng chī Zhōngguócài.

나는 중국음식 먹고 싶다.

보충문장

味道怎么样?

Wèidào zěnmeyàng?

맛이 어때요?

你吃过日本菜吗?

Nǐ chīguò Rìběncài ma?

일본음식 먹은 적 있어요?

我请客。

Wǒ qǐngkè.

내가 한턱 내지요.

我想请你吃晚饭。

Wǒ xiǎng qǐng nǐ chī wǎnfàn.

저녁식사 초대하고 싶습니다.

多吃点儿!

Duō chī diǎnr!

많이 드세요!

보충낱말

辣	là	맵다
咸	xián	짜다
酸	suān	시다
甜	tián	달다

泡菜 김치
pàocài

炸酱面 자장면
zhájiàngmiàn

糖醋肉 탕수육
tángcùròu

宫保鸡丁 닭고기·땅콩볶음
gōngbǎojīdīng

중국의 4대 요리

넓은 땅을 지닌 중국은 지역마다 다양하고 특색 있는 요리가 풍성하다. 그 가운데 북부를 대표하는 북경요리, 동남부를 대표하는 상해요리, 남서부를 대표하는 사천요리, 남부를 대표하는 광동요리 등 4대 요리로 크게 나뉜다.

1. 북경(北京)요리 : 황실예법과 유목 생활의 영향을 받았다. 볶음 요리와 북경오리구이(北京烤鸭 Běijīng kǎoyā)가 유명하며, 대부분의 음식이 기름기가 많고 짠맛이 강하다.

2. 상해(上海)요리 : 상해는 중국 제일의 항구로서 양자강과 바다가 접하는 지역이므로 음식에 해산물을 많이 사용한다. 대표적인 음식에는 대게(大闸蟹 dàzháxiè)와 고기만두(小笼包子 xiǎolóng bāozi)가 있다.

3. 사천(四川)요리 : 습하고 무더운 여름을 이기기 위해 마늘, 파, 고추 등 자극적인 재료를 많이 사용하여, 맵고, 톡 쏘며, 시고, 향기로운 맛이 특징이다. 닭고기·땅콩볶음(宫保鸡丁 gōngbǎo jīdīng), 맵고 얼얼한 마파두부(麻婆豆腐 mápódòufu) 등이 유명하다.

4. 광동(广东)요리 : 담백하고 달착지근한 맛이 있으며 종류가 매우 다양하고 정교하다. 대표적인 음식에는 탕수완자(咕噜肉 gūlūròu)와 홍콩의 다양한 작은 만두인 딤섬(点心 diǎnxīn) 등이 있다.

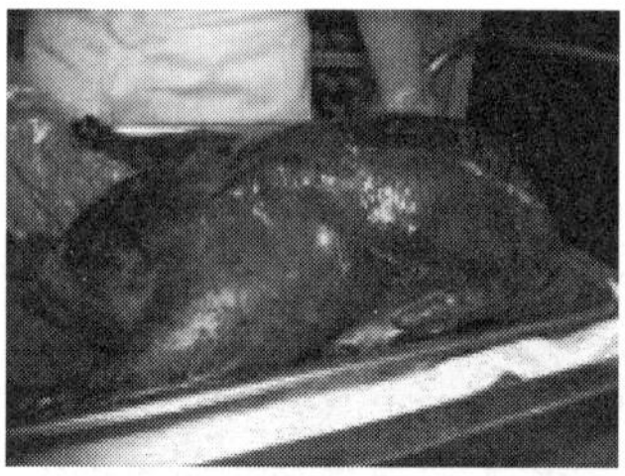
북경 오리구이

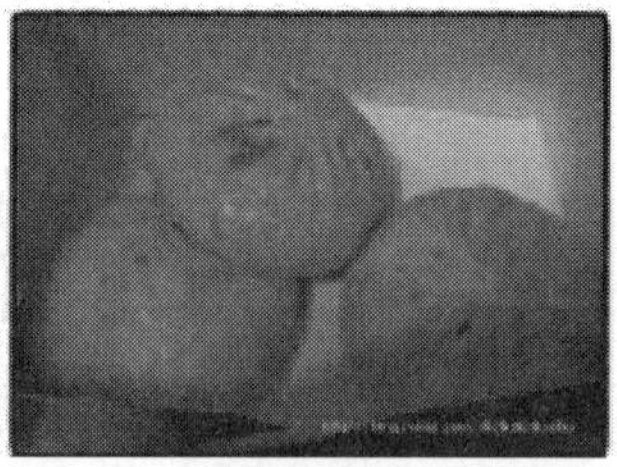
상해 고기만두

사천 마파두부

홍콩 딤섬

연습문제

1. 아래 발음기호를 정확히 읽어보시오.

(1) Nín xiǎng hē shénme?

(2) Zhè shì nín de kělè.

(3) Wǒmen yǒu zhōngcān hé xīcān.

(4) Qǐng màn yòng.

2. 아래 발음기호에 해당되는 한자를 쓰시오.

(1) shénme ( )

(2) kělè ( )

(3) zhōngcān ( )

(4) Qǐng màn yòng. ( )

3. 아래 중국어에 해당되는 발음기호를 쓰시오.

(1) 这是您的可乐。( )

(2) 不客气。( )

(3) 西餐 ( )

(4) 谢谢 (   )

4. 아래 중국어를 한국어로 번역하시오.

(1) 您想喝什么?

(   )

(2) 这是您的可乐。

(   )

(3) 我们有中餐和西餐。

(   )

(4) 这是您的中餐, 请慢用。

(   )

5. 아래 문장 가운데 괄호 속 한국어에 해당되는 중국어를 보기에서 찾아 쓰시오.

A : 您(~하고 싶다 :   )喝什么?

B : 有可乐(~입니까 :   )?

A : 有。这是您的可乐。

B : (감사합니다 :   )。

A : 不客气。

보기 : 对不起, 谢谢, 该, 想, 呢, 吗

제9과

기내 면세품 판매

새낱말

开始	kāishǐ	(동) 시작하다
机内	jīnèi	(명) 기내
免税品	miǎnshuìpǐn	(명) 면세품
销售	xiāoshòu	(동) 판매(하다), 팔다
参阅	cānyuè	(동) 참고로 보다, 참조하다
购物	gòuwù	(동/명) 물건을 사다, 쇼핑하다
手册	shǒucè	(명) 가이드북, 안내서
香水	xiāngshuǐ	(명) 향수
结算	jiésuàn	(동) 계산하다, 결산하다
现金	xiànjīn	(명) 현금
还是	háishì	(접) 또는, 아니면(선택의문문)
信用卡	xìnyòngkǎ	(명) 신용카드
找	zhǎo	(동) (거스름돈) 찾아주다, (사람, 물건) 찾다
收好	shōuhǎo	(동) 받다
种	zhǒng	(양) 종류

美元	měiyuán	(명) 달러
要	yào	(동) 원하다, 요구하다, 주문하다, (조)~하려 하다
瓶	píng	(양) 병
红酒	hóngjiǔ	(명) 포도주
就	jiù	(부) 곧, 바로
刷	shuā	(동) (카드) 긁다, (치솔) 닦다
卡	kǎ	(명) 카드
出示	chūshì	(동) 제시하다, 내보이다
护照	hùzhào	(명) 여권, 패스포트
并	bìng	(접) 또, 그리고
签字	qiānzì	(동/명) 사인하다
收据	shōujù	(명) 영수증

본문

(1) 기내 면세품 판매1

乘务员：现在开始机内免税品销售。

Xiànzài kāishǐ jīnèi miǎnshuìpǐn xiāoshòu.

지금 기내 면세품 판매를 시작하겠습니다.

请参阅购物手册。

Qǐng cānyuè gòuwù shǒucè.

쇼핑 안내책자를 참조해주세요.

乘客：我想买这种香水。多少钱？

Wǒ xiǎng mǎi zhè zhǒng xiāngshuǐ. Duōshao qián?

이 향수를 사고 싶습니다. 얼마죠?

乘务员：四十五美元。您怎么结算？现金还是信用卡？

Sìshíwǔ měiyuán. Nín zěnme jiésuàn? Xiànjīn háishì xìnyòngkǎ?

45달러입니다. 어떻게 결제하시겠습니까? 현금 아니면 신용카드?

乘客：现金。这是五十美元。

Xiànjīn. Zhè shì wǔshí měiyuán.

현금요. 여기 50달러입니다.

乘务员：找您五美元。请收好。

Zhǎo nín wǔ měiyuán. Qǐng shōuhǎo.

5달러 거슬러드리니 잘 받으세요.

(2) 기내 면세품 판매2

乘客 : 我想买一瓶红酒。

Wǒ xiǎng mǎi yì píng hóngjiǔ.

포도주 한 병을 사고 싶습니다.

乘务员 : 好的。要哪种的呢?

Hǎode. Yào nǎ zhǒng de ne?

예. 어떤 종류를 원하십니까?

乘客 : 就这一瓶吧。多少钱?

Jiù zhè yì píng ba. Duōshao qián?

이걸로 주세요. 얼마죠?

乘务员 : 70美元。

Qīshí měiyuán.

70달러입니다.

乘客 : 可以刷卡吗?

Kěyǐ shuā kǎ ma?

카드로 계산해도 되나요?

乘务员 : 可以。请出示您的护照, 并在这里签字。

Kěyǐ. Qǐng chūshì nín de hùzhào, bìng zài zhèli qiānzì.

예. 여권을 보여주시고, 여기에 사인해주세요.

乘客 : 好的。

Hǎode.

좋습니다.

乘务员 : 给您红酒。请收好信用卡和收据。

Gěi nín hóngjiǔ. Qǐng shōuhǎo xìnyòngkǎ hé shōujù.

포도주를 드립니다. 신용카드와 영수증을 받아주세요.

乘客 : 好的。谢谢!

Hǎode. Xièxie!

예. 감사합니다!

乘务员 : 不客气!

Bú kèqi!

괜찮습니다!

보충회화

(1)

A : 你买什么?

Nǐ mǎi shénme?

너 무엇을 사니?

B : 我买泡菜。

Wǒ mǎi pàocài.

나는 김치를 산다.

(2)

A : 你要什么?

Nǐ yào shénme?

너는 무엇을 원하니?

B : 我要炸酱面。

Wǒ yào zhájiàngmiàn.

나는 자장면 주세요.

(3)

A : 这西瓜怎么卖?

Zhè xīguā zěnme mài?

이 수박은 어떻게 팔아요?

B : 十五块钱三斤。

Shíwǔ kuài qián sān jīn.

15위안에 세 근입니다.

(4)

A : 昨天你做什么了?

Zuótiān nǐ zuò shénme le?

어제 너 뭐했니?

B : 昨天我看电影了。

Zuótiān wǒ kàn diànyǐng le.

어제 나 영화 보았다.

(5)

A : 妈妈早晨去呢, 中午去呢?

Māma zǎochén qù ne, zhōngwǔ qù ne?

어머니는 아침에 가시니, 점심때 가시니?

B : 早晨去。

Zǎochén qù.

아침에 가신다.

(6)

A : 你看什么?

Nǐ kàn shénme?

너는 무엇을 보니?

B : 看电影。

Kàn diànyǐng.

영화를 본다.

해설

1. '还是'의 용법

일반적으로 'A还是B?(A 아니면 B?)'의 형태로 사용되어 A 혹은 B 가운데 하나를 고르는 선택의문문이다.

这个还是那个?

Zhè ge háishì nà ge?

이거니 아니면 저거니?

你要炸酱面还是水饺?

Nǐ yào zhájiàngmiàn háishì shuǐjiǎo?

너는 자장면을 원하니 아니면 물만두를 원하니?

2. 요일 표현

A : 今天星期几?

Jīntiān xīngqījǐ?

오늘은 무슨 요일이니?

B : 今天星期四。

Jīntiān xīngqīsì.

오늘은 목요일입니다.

星期一(周一)	xīngqīyī(zhōuyī)	월요일
星期二(周二)	xīngqīèr(zhōuèr)	화요일
星期三(周三)	xīngqīsān(zhōusān)	수요일
星期四(周四)	xīngqīsì(zhōusì)	목요일
星期五(周五)	xīngqīwǔ(zhōuwǔ)	금요일
星期六(周六)	xīngqīliù(zhōuliù)	토요일
星期日(周日)	xīngqīrì(zhōurì)	일요일(또는 星期天 xīngqītiān)

这星期	zhèxīngqī	이번주
下星期	xiàxīngqī	다음주
上星期	shàngxīngqī	지난주
上星期日	shàngxīngqīrì	지난주 일요일
下星期五	xiàxīngqīwǔ	다음주 금요일
这星期六	zhèxīngqīliù	이번주 토요일

연습문제

1. 아래 발음기호를 정확히 읽어보시오.

(1) Xiànzài kāishǐ jīnèi miǎnshuìpǐn xiāoshòu.

(2) Xiànjīn háishì xìnyòngkǎ?

(3) Qǐng chūshì nín de hùzhào.

(4) Qǐng shōuhǎo xìnyòngkǎ hé shōujù.

2. 아래 발음기호에 해당되는 한자를 쓰시오.

(1) xiāngshuǐ (   )

(2) hóngjiǔ (   )

(3) hùzhào (   )

(4) shōujù (   )

3. 아래 중국어에 해당되는 발음기호를 쓰시오.

(1) 手册 (   )

(2) 结算 (   )

(3) 美元 (   )

(4) 信用卡 ( )

4. 아래 중국어를 한국어로 번역하시오.

(1) 我想买这种香水。

( )

(2) 找您五美元。

( )

(3) 可以刷卡吗?

( )

(4) 请收好信用卡和收据。

( )

5. 아래 문장 가운데 괄호 속 한국어에 해당되는 중국어를 보기에서 찾아 쓰시오.

A : 现在(시작하다 :)机内免税品销售。

请参阅购物手册。

B : 我想买这种香水。多少钱?

A : 四十五美元。您怎么结算? 现金(아니면 :)信用卡?

B : 现金。这是五十美元。

A : (거슬러주다 :)您五美元。请收好。

보기 : 开始, 结束, 还是, 再, 找, 伐

제10과

입국 신고서 작성

새낱말

请问	qǐngwèn	말씀 좀 묻겠습니다, 죄송합니다
入境	rùjìng	(명/동) 입국(하다)
对	duì	(형) 맞다, 옳다
填写	tiánxiě	(동) 작성하다, 채워 쓰다
海关	hǎiguān	(명) 세관
申报	shēnbào	(명/동) 신고(하다)
申报单	shēnbàodān	(명) 신고서
卡	kǎ	(명) 카드
入境卡	rùjìngkǎ	(명) 입국카드
需要	xūyào	(동) 필요하다
东西	dōngxi	(명) 물건
每	měi	(대) 매, 각
个	ge	(양) 개
都	dōu	(부) 모두
配合	pèihé	(명) 협조(하다)

본문

(1) 입국 신고서 작성 1

乘务员：请问，您入境中国吗？

Qǐngwèn, nín rùjìng Zhōngguó ma?

말씀 좀 묻겠는데요, 중국에 입국하십니까?

乘客：对。

Duì.

맞습니다.

乘务员：请填写海关申报单和入境卡。

Qǐng tiánxiě hǎiguān shēnbàodān hé rùjìngkǎ.

세관신고서와 입국카드를 작성해주십시오.

乘客：好的。

Hǎode.

네.

外国人入境卡
ARRIVAL CARD

请交边防检查官员查验
For Immigration clearance

姓 Family name KIM (성)
名 Given names HANA (이름)
国籍 Nationality KOREA (국적)
护照号码 Passport No. YP1234567(여권번호)
在华住址 Intended Address in China BEIJING HOTEL (중국내 주소)
男 Male ☑ 女 Female ☐ (성별)
出生日期 Date of birth 年Year 1980 月Month 01 日Day 01 (생년월일)
签证号码 Visa No. A1234567(비자번호)
签证签发地 Place of Visa Issuance SEOUL (비자발급지)
航班号/船名/车次 Flight No./Ship's name/Train No. OZ123 (편명)

入境事由(只能填写一项) Purpose of visit (one only) (입국목적)
会议/商务 Conference/Business ☐
访问 Visit ☐
观光/休闲 Sightseeing/in leisure ☑
探亲访友 Visiting friends or relatives ☐
就业 Employment ☐
学习 Study ☐
返回常住地 Return home ☐
定居 Settle down ☐
其他 others ☐

以上申明真实准确。
I hereby declare that the statement given above is true and accurate.

签名 Signature 김하나
(서명)

(2) 입국 신고서 작성 2

乘客 : 我没有需要申报的东西。

Wǒ méi yǒu xūyào shēnbào de dōngxi.

저는 신고해야 할 물건이 없는데요.

申报单不写可以吗?

Shēnbàodān bù xiě kěyǐ ma?

신고서는 쓰지 않아도 괜찮나요?

乘务员 : 不可以，每个人都要填写。

Bù kěyǐ, měi ge rén dōu yào tiánxiě.

안됩니다. 모든 사람이 써야합니다.

乘客 : 好的，知道了。

Hǎode, zhīdào le.

네, 알겠습니다.

乘务员 : 谢谢您的配合!

Xièxie nín de pèihé!

협조에 감사드립니다!

보충낱말

外国人	wàiguórén	(명) 외국인
本国人	běnguórén	(명) 내국인
航班	hángbān	(명) 항공편
航班号	hángbānhào	(명) 항공편명(번호)
护照	hùzhào	(명) 여권
号码	hàomǎ	(명) 번호
护照号码	hùzhào hàomǎ	(명) 여권번호
签证	qiānzhèng	(명) 비자
签证号码	qiānzhèng hàomǎ	(명) 비자번호
肉	ròu	(명) 고기
鸡蛋	jīdàn	(명) 계란
水果	shuǐguǒ	(명) 과일
武器	wǔqì	(명) 무기
打火机	dǎhuǒjī	(명) 라이터
检疫	jiǎnyì	(명) 검역

보충문장

请接受检疫。

Qǐng jiēshòu jiǎnyì.

검역을 받으세요.

辛苦了。

Xīnkǔ le.

수고했습니다.

请慢走。

Qǐng màn zǒu.

안녕히 가십시오.

祝您一路顺风。

Zhù nín yílù shùnfēng.

순조로운 여행되시길 바랍니다.

연습문제

1. 아래 발음기호를 정확히 읽어보시오.

(1) Qǐngwèn, nín rùjìng Zhōngguó ma?

(2) Qǐng tiánxiě hǎiguān shēnbàodān hé rùjìngkǎ.

(3) Wǒ méi yǒu xūyào shēnbào de dōngxi.

(4) Bù kěyǐ, měi ge rén dōu yào tiánxiě.

2. 아래 발음기호에 해당되는 한자를 쓰시오.

(1) rùjìng (   )

(2) shēnbào (   )

(3) hǎiguān (   )

(4) tiánxiě (   )

3. 아래 중국어에 해당되는 발음기호를 쓰시오.

(1) 海关申报单 (   )

(2) 入境卡 (   )

(3) 每个人 (   )

(4) 配合 (   )

4. 아래 중국어를 한국어로 번역하시오.

(1) 请问, 您入境中国吗?

(   )

(2) 请填写海关申报单和入境卡。

(   )

(3) 申报单不写可以吗?

(   )

(4) 每个人都要填写。

(   )

5. 아래 문장 가운데 괄호 속 한국어에 해당되는 중국어를 보기에서 찾아 쓰시오.

A : 我没有需要申报的东西。

申报单不写(괜찮다 :   )吗?

B : 不可以, 每个人(모두 :   )要填写。

A : (좋습니다 :   ), 知道了。

B : 谢谢您的配合!

보기 : 好的, 不行, 都, 也, 可以

제11과

착륙 준비

새낱말

降落	jiàngluò	(동) 착륙하다
为了	wèile	(전) ~위하여
打开	dǎkāi	(동) 열다, 펴다
遮光板	zhēguāngbǎn	(명) 차광판
系	jì	(동) 메다, 묶다
安全带	ānquándài	(명) 안전벨트
配合	pèihé	(명) 협조(하다)
已经	yǐjīng	(부) 이미, 벌써
机场	jīchǎng	(명) 공항
不要	búyào	~하지 마라
离开	líkāi	(동) 떠나다, 벗어나다
座位	zuòwèi	(명) 자리
解开	jiěkāi	(동) 풀다
祝	zhù	(동) 축하하다, 빌다
旅途	lǚtú	(명) 여행, 여정
愉快	yúkuài	(형) 유쾌하다

본문

(1) 착륙준비

乘务员：飞机就要降落了。

Fēijī jiù yào jiàngluò le.

비행기는 곧 착륙합니다.

为了安全，请您打开遮光板。

Wèile ānquán, qǐng nín dǎkāi zhēguāngbǎn.

안전을 위해 차광판을 열어주십시오.

乘客：好的。

Hǎode.

예.

乘务员：请系好安全带。

Qǐng jìhǎo ānquándài.

안전벨트를 메주십시오.

乘客：好的。

Hǎode.

예.

乘务员：谢谢配合。

Xièxie pèihé.

협조에 감사드립니다.

(2) 비행기에서 내리기

乘务员：乘客们好！飞机已经降落在北京机场。

Chéngkèmen hǎo! Fēijī yǐjīng jiàngluò zài Běijīng jīchǎng.

승객 여러분 안녕하세요! 비행기는 이미 북경공항에 착륙하였습니다.

请大家不要离开座位。

Qǐng dàjiā bú yào líkāi zuòwèi.

모두들 자리를 떠나지 마십시오.

(잠시 후)

乘客：可以解开安全带了吗？

Kěyǐ jiěkāi ānquándài le ma?

안전벨트를 풀어도 되나요?

乘务员：可以了。

Kěyǐ le.

됩니다.

现在可以下飞机了。

Xiànzài kěyǐ xià fēijī le.

이제 비행기에서 내려도 좋습니다.

乘客：辛苦了。再见！

Xīnkǔ le. Zàijiàn!

수고했습니다. 안녕!

乘务员：再见！祝您旅途愉快！

Zàijiàn! Zhù nín lǚtú yúkuài!

안녕히 가십시오! 즐거운 여행 되시길 바랍니다!

나이 묻기

A : 你今年多大了?

Nǐ jīnnián duō dà le?

너 금년에 나이가 어떻게 되니?

B : 我二十岁。

Wǒ èrshí suì.

나는 20살이야.

어린아이에게 나이를 물을 경우는 아래와 같이 표현한다.

A : 你几岁了?

Nǐ jǐ suì le?

너 몇 살이니?

B : 我九岁。

Wǒ jiǔ suì.

저는 9살이에요.

전화번호 묻기

A : 你的电话号码是多少?

Nǐ de diànhuà hàomǎ shì duōshao?

너의 전화번호는 어떻게 되니?

B : 我的电话号码是 010-8654-9372。

Wǒ de diànhuà hàomǎ shì língyāolíng bāliùwǔsì jiǔsānqīèr.

내 전화번호는 010-8654-9372입니다.

출생년도

A : 你是哪年出生的?

Nǐ shì nǎ nián chūshēng de?

너 어느 해 태어났니?

B : 2002年出生的。

Èrlínglíngèr nián chūshēng de.

2002년에 태어났다.

보충낱말

调直	tiáozhí	(동) 바로 잡다
椅背	yǐbèi	(명) 의자등받이
颠簸	diānbǒ	(동) 흔들리다, 요동치다
卫生间	wèishēngjiān	(명) 화장실
停止	tíngzhǐ	(동) 정지하다
使用	shǐyòng	(동) 사용(하다)
确认	quèrèn	(동) 확인하다
携带	xiédài	(동) 휴대하다
个人	gèrén	(명) 개인
物品	wùpǐn	(명) 물품

보충문장

请您调直椅背。

Qǐng nín tiáozhí yǐbèi.

의자등받이를 세워주세요.

飞机有点儿颠簸。

Fēijī yóudiǎnr diānbǒ.

비행기가 약간 흔들립니다.

卫生间停止使用。

Wèishēngjiān tíngzhǐ shǐyòng.

화장실은 사용 정지됩니다.

请确认携带好个人物品。

Qǐng quèrèn xiédàihǎo gèrén wùpǐn.

개인 물품을 다 휴대했는지 확인해주십시오.

해설

1. '为'의 용법

(1) 전치사 : '为'가 전치사로 사용될 경우 wèi로 발음하며 '~를 위하여'의 의미를 지닌다.

为人民服务。

Wèi rénmín fúwù.

인민을 위해 복무하다.

为我们的友谊干杯!

Wèi wǒmen de yǒuyì gānbēi!

우리들의 우정을 위해 건배!

(2) 동사 : 동사로 사용되면 wéi로 발음되며 '~되다', '~하다'의 의미를 지닌다.

一分为二。

Yì fēn wéi èr.

하나가 나뉘어 둘이 되다.

我以为他是好人。

Wǒ yǐwéi tā shì hǎo rén.

나는 그가 좋은 사람이라고 생각한다.

'以为 ~라고 여기다', '认为 ~라고 생각하다', '以A为B A를 B로 생각하다'와 같은 용법으로도 사용된다.

연습문제

1. 아래 발음기호를 정확히 읽어보시오.

(1) Fēijī jiù yào jiàngluò le.

(2) Wèile ānquán, qǐng nín dǎkāi zhēguāngbǎn.

(3) Fēijī yǐjīng jiàngluò zài Běijīng jīchǎng.

(4) Xiànzài kěyǐ xià fēijī le.

2. 아래 발음기호에 해당되는 한자를 쓰시오.

(1) dǎkāi (   )

(2) jiàngluò (   )

(3) xiàfēijī (   )

(4) Xīnkǔle. (   )

3. 아래 중국어에 해당되는 발음기호를 쓰시오.

(1) 安全 (   )

(2) 请系好安全带。(   )

(3) 北京机场 (   )

(4) 愉快 (   )

4. 아래 중국어를 한국어로 번역하시오.

(1) 飞机就要降落了。

(   )

(2) 请系好安全带。

(   )

(3) 现在可以下飞机了。

(   )

(4) 祝您旅途愉快!

(   )

5. 아래 문장 가운데 괄호 속 한국어에 해당되는 중국어를 보기에서 찾아 쓰시오.

A : 乘客们好! 飞机(이미 :   )降落在北京机场。

请大家不要离开座位。

B : 可以解开(안전벨트 :   )了吗?

A : 可以了。现在可以下飞机了。

B : (수고했습니다 :   )。再见!

A : 再见! 祝您旅途愉快!

보기 : 已经, 还, 遮光板, 安全带, 辛苦了, 谢谢

부록

A. 중국어 품사

중국어의 모든 낱말은 실사(實詞)와 허사(虛詞)로 나뉜다. 실사는 실재적인 의미를 지니며 독립적으로 문장이 될 수 있으나, 허사는 실재적인 의미는 없고 어법적인 관계만 나타내며 절대다수가 독립적으로 문장이 될 수 없다.

실사 : 명사, 동사, 형용사, 대사(대명사), 수사, 양사
허사 : 부사, 전치사, 접속사, 조사, 감탄사, 의성사

1. 명사 : 각종 사물, 인명, 지명 예) 人, 学校, 首尔, 李海雨

2. 동사 : 움직임이나 동작을 의미하는 낱말 예) 看, 吃, 洗

3. 형용사 : 사물의 상태나 모습을 나타내는 낱말 예) 漂亮, 干净

4. 대명사 :

4.1. 인칭대명사 : 我, 你, 他, 他们, 别人

4.2. 지시대명사 : 这, 那, 这儿, 这么

4.3. 의문대명사 : 谁, 什么, 怎么, 哪儿, 多少

5. 수사(數詞) : 기수와 서수로 나뉜다.

5.1. 기수 : 一 , 二 , 三 .....

5.2. 서수 : 순서를 나타내며 보통 서수 앞에 '第'가 붙는다.

예) 第一, 第二....一月, 二哥(둘째 형)

6. 양사(量詞) : 명사 앞에 붙어 사물의 단위를 나타내는 명량사(名量詞)와 동사의 뒤에 붙어 동작의 양(즉 동작의 횟수)을 표시하는 동량사(動量詞)로 나뉜다.

6.1. 명량사 : 一本书, 两个人

6.2. 동량사 : 去一次, 看一遍

7. 부사 : 동사나 형용사 앞에서 이들을 수식해준다.

7.1. 정도부사 : 很, 最, 十分

7.2. 범위부사 : 都, 也, 一共, 一起

7.3. 시간부사 : 正, 已经, 就, 才

7.4. 부정부사 : 不, 没, 別

7.5. 빈도부사 : 再, 又, 常常

7.6. 어기부사 : 可(매우), 反正(아무튼), 几乎(거의)

7.7. 상태부사 : 渐渐, 依然(여전히)

8. 전치사 : 중국어로 '介词(개사)'라고 하며, 역사적으로 모두 동사에서 변한 것으로 한국어로 전치사라고 칭한다. 구조 : '전치사 + 명사(구) + 동사'

아래 문장을 비교해보자.

a. 他在图书馆(동사) : b. 他在图书馆看书(전치사)

a. 给他一本书(동사) : b. 给他打电话(전치사)

9. 접속사 : 낱말, 구, 절을 연결해주는 허사이다. 한국어로 접속사라 칭한다.

我<u>和</u>他是好朋友。

他去, <u>还是</u>你去?

<u>虽然</u>他是美国人, <u>但是</u>很会说汉语。

10. 조사 : 일반적으로 경성이며 단음절어로 이루어져 어법 관계만을 나타낸다.

10.1. 동태조사 : 동사 뒤에서 완료(了), 지속(着), 경험(过)을 나타낸다.

10.2. 구조조사 : '的, 地, 得'

'관형어+的+명사' : 我的书

'형용사+형용사+地' : 好好地, 慢慢地 형용사 중첩으로 부사화시킴

'동사 + 得 + 형용사' : 가능보어와 정도보어를 만들어줌

听得懂(가능보어) ↔ 听不懂

写得好(정도보어) ↔ 写得不好

10.3. 어기조사 : 了, 吗, 吧 등등

11. 감탄사 : 남을 부르거나 대답 혹은 감탄하는 낱말

喂! wèi!(여보세요!) 嗯! èng!(응!)

12. 의성사 : 소리를 모방한 낱말

叮当	dīngdāng	땡그랑(그릇 깨지는 소리)
滴滴答答	dīdidādā	똑똑똑(빗방울 소리)

B. 중국어 문장성분

문장성분은 각 낱말(품사)들이 문장에서 어떠한 역할, 즉 문장에서 어떠한 성분을 담당하느냐를 가리킨다. 중국어에서는 '주어, 술어, 목적어, 부사어, 관형어, 보어'등 6개의 문장성분이 있다. 일반적으로 하나의 문장은 **'주어부(혹은 주부) + 술어부(술부)'**로 크게 나뉘며, 주어부는 관형어와 주어, 술어부는 부사어, 술어, 관형어, 보어, 목적어로 구성된다. 중국어의 어순은 아래와 같다.

중국어 어순 : 주어 + 부사어 + 술어 + 보어 / 목적어

부사어는 술어(주로 동사와 형용사가 담당) 앞에서 술어를 수식하고, 관형어(冠形语)는 명사 앞에서 명사를 수식해주며, 보어는 술어 뒤에서 술어를 보충 설명해주는 역할을 각각 담당한다. 예를 들면 아래와 같다.

주어부	술어부	
주어	술어	목적어
我	喜欢	你

중국어의 기본어순은 '주어+동사+목적어(SVO)'이다.

주어부	술어부		
주어	부사어	술어	목적어
他	很	喜欢	中国

부사어(부사가 담당)는 술어(동사나 형용사가 담당) 앞에서 술어를 수식한다.

주어부		술어부		
관형어	주어	부사어	술어	목적어
我 (的)	妈妈	不	吃	中国菜

'的'은 구조조사로 뒤의 명사를 수식해주는 역할을 담당한다.

주어부		술어부			
관형어	주어	부사어	술어	보어	목적어
他 (的)	朋友	常常	写	错	汉字

'写错'의 '错'은 결과보어이다. 보어는 술어 뒤에서 술어를 보충 설명해준다.

주어부		술어부				
관형어	주어	부사어	술어	보어	관형어	목적어
今天 來 的	学生	常常	写	错	那 个	汉字

'今天來的'는 '朋友'를 수식하는 관형어이고, '那个'는 '汉字'를 수식하는 관형어이다.

이해우(李海雨)

미국 하와이대 동아시아어문학과 박사
북경대, 홍콩 중문대 수학
우석대학교 교양대학 교수
저서
《중국어 발음연습》, 《현대중국어 음운론》 등 다수

신설풍(辛雪枫)

황하과기대(黄河科技學院) 학사
내몽고공업대(内蒙古工業大學) 석사
우석대학교 교육학과 박사

초급 항공 중국어

초판 1쇄 발행 _ 2022년 2월 28일

공　저 · 이 해 우 · 신 설 풍
발행인 · 정 현 걸
발　행 · 신 아 사
인　쇄 · 토탈프로세스
주　소 · 서울특별시 은평구 통일로 59길 4 (2F)
전　화 · (02) 382-6411　팩스 · (02) 382-6401
홈페이지 · www.shinasa.co.kr
E-mail · shinasa@daum.net
출판등록 · 1956년 1월 5일 (제 9-52호)

ISBN 979-11-91158-83-0 (93720)

정가 15,000원